W0236050

ANNETTE KURA,
VOLKER RUHLAND,
ROLAND UNGER

Sachsens Mordbrenner, Räuber, Pascher und Wildschützen im Erzgebirge und in der Oberlausitz

ALTIS-VERLAG

BILDNACHWEIS

Archiv der Autoren (die meisten Repros wurden von J. Sommer angefertigt): Seite 10, 12, 13, 15, 18, 21, 22, 26 (Zeichnung A. Wohlgemuth), 32, 33, 34, 36, 42, 51, 52, 53, 54, 60, 61, 64, 65, 66, 68, 69, 73, 77, 81, 105 (Zeichnung A. Wohlgemuth), 108, 110, 121, 124, 126, 143, 145, 150, 152, 158, 173, 174 (Zeichnung A. Wohlgemuth), 198, 203, 204, 211, 213, 229, 237, 238.
Archiv des Verlages, Repro Deutsche Staatsbibliothek: Seite 28.
Bildarchiv Preußischer Kulturbesitz: Seite 2.
Christian-Weise-Bibliothek Zittau: Seite 102, 115, 120, 123, 129, 130.
Deutsches Postmuseum, Frankfurt am Main: Seite 27.
Deutsche Staatsbibliothek: Seite 193.
Gemeindeamt Leutersdorf: Seite 111 (G. Weber), 118.
Heimatmuseum Neuruppin: Abbildung auf dem Umschlag.
Heimatmuseum Schirgiswalde: Seite 157, 162.
Heimatstuben der Stadt Bernstadt: Seite 133, 144.
Jährig, M., Dresden: Seite 176, 178.
Lang, G., Rittersgrün: Seite 194.
Museum für Volkskunde, Berlin: Seite 154.
Oberlausitzer Verlag, Waltersdorf: Seite 139.
Pfarramt der St. Michaelis-Kirche zu Lüneburg: Seite 56.
Sächsische Landesbibliothek, Dresden: Seite 6, 20, 58, 127, 128, 189, 196, 197.
Sächsische Landesbibliothek, Abt. Deutsche Fotothek, Dresden: Seite 70, 75 (Möbius), 84 (Schommarz), 190 (Möbius), 199 (Ahlers), 208 (Möbius), 215 (Karpf).
Sammlung H. Diener, Großhennersdorf: Seite 136, 137, 140, 147.
Sammlung H. Hunger, Reitzenhain: Seite 86, 87, 88, 89, 90, 202, 219, 221, 239.
Sammlung H. Kother, Großhennersdorf: Seite 134, 142, 148.
Sammlung H. Rohland, Dresden: Seite 14, 23, 24, 104, 112, 141, 146, 160, 180.
Sammlung S. Weinert, Berlin: Seite 25, 83, 161, 163, 164, 200, 223, 225.
Scheidewig, K., Dresden: Seite 106, 113.
Stadtarchiv Marienberg: Seite 85, 206.
Stadtgeschichtliches Museum Leipzig: Seite 72, 79.
Stadtverwaltung Bautzen, Repros U. Schmidt: Seite 168, 170.
Stadtverwaltung Waldheim: Seite 93, 94/95, 96.
Stadtverwaltung Wolkenstein: 92.
Ullmann, A., Satzung: Seite 191, 192.
VEB Foto-Verlag Erlbach: Seite 46.

Die Deutsche Bibliothek – CIP-Einheitsaufnahme
Kura, Annette:
Sachsens Mordbrenner, Räuber, Pascher und Wildschützen im Erzgebirge und in der Oberlausitz / Annette Kura ; Volker Ruhland ; Roland Unger. – 1. Aufl. – Berlin : Altis-Verl., 1993
ISBN 3-910195-08-3
NE: Ruhland, Volker:; Unger, Roland:

1. Auflage
© Altis-Verlag, Berlin 1993
Alle Rechte vorbehalten
Satz und Lithos: deutsch-türkischer fotosatz, Berlin
Druck und Bindung: Ebner Ulm
Gestaltung: Armin Wohlgemuth
ISBN 3-910195-08-3

Inhaltsverzeichnis

Wer sich außerhalb des Gesetzes stellte, mußte mit dem Tod rechnen. –
Erschossener Wilderer mit seiner Beute.

Vorwort

Geschichte hat die Eigenart zu verdichten. Aus den Relationen zwischen den Einzel- und Besonderheiten sowie deren Gewichtungen stellt sich uns Geschichte als Tendenz dar, aus der einiges heraustritt, anderes in Vergessenheit gerät. Letzteres ist meist das Alltägliche.

Wir wissen mehr vom Leben der Herrscher, Feldherren, Politiker, Künstler und Wissenschaftler als vom Glück und Unglück der einfachen Männer und Frauen. Hier fließen die Quellen spärlicher. Das Normale wird von der jeweiligen Zeit als so selbstverständlich aufgefaßt, daß es einer Erwähnung nicht notwendig erscheint.

Anders ist es, wenn Anomalien das tägliche Leben stören. Das findet Beachtung. Gesetzesbruch ist immer Anomalie. Ganz abgesehen davon, daß in dieser abseitigen, manchmal geradezu abstrusen gesellschaftlichen Erscheinung sich auch das Wesen der jeweiligen Zeit offenbart, wurde in den alten Gerichtsakten vieles notiert, was uns einen tiefen Blick in die Befindlichkeit der damaligen Menschen gewährt. Das war für uns der eigentliche Anlaß, dieses Buch zu schreiben. Er stand noch vor der Neugier, etwas über Taten und Untaten von Räubern, Paschern und Wilddieben in unserem Sachsenland zu erfahren.

Die Auswahl muß selbstverständlich solche Räuber wie Nicol List, Lips Tullian und Johannes Karraseck berücksichtigen. Sie waren in Sachsen ohne Zweifel die Bedeutendsten ihrer Zunft. Das trifft analog auch für den Pascherfriedel und den Wildschützen Karl Stülpner zu. Daneben stehen weniger bekannte Fälle, die durch andere ausgetauscht werden könnten.

Orte der Handlungen liegen hauptsächlich im Erzgebirge und der Oberlausitz. Die Grenze zu Böhmen machte die Pascherei möglich. Sie begünstigte Räuber und Wildschützen, indem sie ihnen das schnelle Entweichen vor dem Griff der Gesetzeshüter beider Herrschaftsbereiche ermöglichte.

Damit soll nicht behauptet werden, daß es auf dem platten Lande sicherer und gesitteter zugegangen wäre. Auch Leipzig, Meißen und Mügeln hatten ihre Räuberbanden, wobei weitere Städte fast beliebig ergänzt werden könnten.

Es ist uns ein Bedürfnis, allen zu danken, die durch ihre fachliche und sachliche Unterstützung, durch ihre Hinweise und Anregungen sowie durch Bereitstellung von Bildmaterial mitgeholfen haben, dieses Buch fertigzustellen. Wir danken besonders den Mitarbeitern des Staatsarchivs Dresden und der Sächsischen Landesbibliothek Dresden, der Christian-Weise-Bibliothek Zittau, der Bibliothek der Oberlausitzischen Wissenschaften in Görlitz, des Stadtmuseums Seifhennersdorf, der Heimatmuseen in Schirgiswalde und Herrnhut, der Heimatstube in Bernstadt und dem Fotografen Herrn Jürgen Sommer. Unser Dank gilt nicht zuletzt Herrn Siegfried Rentzsch, der uns als Lektor mit Rat und Tat zur Seite stand.

Dresden, im April 1993

ANNETTE KURA
VOLKER RUHLAND
ROLAND UNGER

Räuberromantik und Räuberelend

Vom Leben und Sterben, den Taten und Untaten berühmter Räuber, Wilddiebe und Schmuggler berichten Lieder, Schnitzwerke, Theaterstücke und Bücher. Der Volksmund erzählt heute noch von ihnen. Die Erzgebirgler schenkten dem Stülpner-Karl ihre Sympathie, für die Oberlausitzer verklärte sich Karraseck zum Freund der Armen. Was sich die Menschen in den vergangenen Jahrhunderten von den Schicksalen und Taten legendärer Gesetzesbrecher erzählten, gedieh zur Volksdichtung. Freilich wurden nicht alle Räuber mit liebevollem Gedenken bedacht. Manch einer kam in der Überlieferung nicht gut weg. Im Guten wie im Bösen wurde überhöht, die Namen vieler Räuber und die konkreten Umstände kennt aber kaum einer mehr.

Im Spätmittelalter waren Raubüberfälle vor allem ein Privileg der Raubritter. Als das Geld seine Herrschaft antrat und das Zunftwesen im Niedergang begriffen war, gerieten manche Handwerker und erst recht die Handwerksgesellen an den Bettelstab. Elend breitete sich aus, wo bislang ein bescheidener, solider Wohlstand geherrscht hatte. Die Not trieb die Entwurzelten in den Strudel von Asozialität und Kriminalität.

Hinzu kommt, daß das Gesellschaftsgefüge in den nachfolgenden Jahrhunderten wiederholt von Kriegen erschüttert wurde; man denke nur an den Dreißigjährigen Krieg, den Krieg gegen die Türken, den Siebenjährigen Krieg, die Napoleonischen Feldzüge. Nach Kriegsende zogen desertierte und entlassene Soldaten marodierend durchs Land. Viele schlossen sich zu Räuberbanden zusammen. Oft waren es Männer, die durch den Krieg Familie und Heimat verloren hatten. Im friedlichen Alltag wieder Fuß zu fassen fiel ihnen schwer, hatten sie doch oft nichts anderes gelernt als den Überfall, den Raub und das Umbringen von Menschen.

Sich auf ehrlichem Wege durchs Leben zu schlagen war ein mühsames Geschäft, das zudem desertierten Soldaten im Land ihres Feldherren verwehrt blieb. So zogen sie es vor, als ewige Landsknechte ihr Dasein zu fristen und sich mit Gewalt zu nehmen, was sie zum Leben brauchten, so wie es ihnen im Kriege zur Gewohnheit geworden war.

Darstellung einer Folterung aus der 1768/69 erlassenen „Constitutio Criminalis Theresiana".

Doch inzwischen hatte ein eklatanter Umschlag der Werte statt-gefunden. Was im Kriege rechtens war, galt im Frieden als Verbre-chen. Was im Kriege mit Beförderung und Orden belohnt wurde, das wurde jetzt mit Zuchthaus, Köpfen, Henken und Rädern bestraft. So wurden die einstigen Helden zu Verbrechern.

Freilich würde man die dunklen Seiten im Wesen des Menschen verkennen, wollte man die Verbrechen allein aus sozialer Notlage, aus einer unglücklichen Verkettung äußerer Umstände oder aus dem allgemeinen Sittenverfall in Kriegszeiten erklären. Die menschliche Natur geht oft recht eigenartige Wege und folgt nicht immer ihren edleren Trieben. Mitunter handelte es sich um wohlsituierte Bürger, die eine kriminelle Karriere begannen und zu Gewaltverbrechern wurden. Sie gingen einem angesehenen Beruf nach und hatten ihr sicheres, wenn auch vielleicht bescheidenes Auskommen, und den-noch konnten sie der Versuchung nicht widerstehen, auf Raub aus-zugehen und sich fremdes Eigentum gewaltsam anzueignen. Ob Habgier oder Abenteuerlust überwogen, ob die Kriegserlebnisse eine verborgene Veranlagung zu Brutalität und Aggressivität freige-legt hatten, sei dahingestellt. Jedenfalls führte mancher Räuber ein Doppelleben. Tags wurde er für einen ehrbaren Bürger gehalten, nachts agierte er als skrupelloser Gewaltverbrecher.

Einer der berühmtesten Räuberchefs seiner Zeit, der aus dem Sächsischen kommende Nicol List, ist dafür ein treffendes Beispiel. Er hatte nach der Entsetzung Wiens und der Befreiung Ofens von den Türken 1686 in Ehren die Armee verlassen. Als Gastwirt und Pferdehändler lebte er in materiell gesicherten Verhältnissen. Klug, handwerklich geschickt und medizinisch interessiert, hätte er Besse-res leisten können als die Qualifikation zum Räuberhauptmann. Er ließ im Frieden nicht ab von dem, was im Kriege erlaubt war.

Auch nach 1700 bestanden die Räuberbanden zu einem großen Teil aus ehemaligen oder entlaufenen Soldaten. Der Prügelstock des Korporals regierte in der Armee, für kleinste Vergehen wurden höchste Strafen ausgesetzt, verbunden mit schwerer körperlicher Züchtigung. Was Wunder, wenn mancher Soldat versuchte, sich die-ser Zucht zu entziehen und in die Freiheit der Wälder zu flüchten. Immer wieder desertierten Soldaten, am häufigsten aus der öster-reichischen Armee, da dort die Behandlung der Soldaten besonders unmenschlich war.

Züchtigung auf dem Hof eines Zuchthauses im 18. Jahrhundert.

Neben den Deserteuren suchten viele in Not Geratene, die als Bettler von Ort zu Ort zogen, in den Banden eine – wenn auch fragwürdige – Heimat. In der Bande des berühmten Räuberhauptmanns Lips Tullian fanden z. B. neben Bettlern Tagelöhner, landlose Bauern, Diebe, Prostituierte und Zigeuner Unterschlupf. Am Ende des 17. Jahrhunderts gab es aber auch Banden, die sich vorwiegend aus Zigeunern, Juden und fahrendem Volk rekrutierten.

12

Mord, Raub und Schmuggel waren im kurfürstlichen Sachsen nach dem Siebenjährigen Krieg (1756–63) an der Tagesordnung. Dresden war in Flammen aufgegangen, das Land verwüstet und ausgeplündert, die Bevölkerung verarmt. Auf sächsischem Gebiet waren das obere Erzgebirge und Vogtland sowie die Oberlausitz relativ dicht besiedelt. Jedes Unglück, das über das Land kam, schlug in diesen Regionen besonders hart zu. Kein Wunder, daß hier das Verbrechen gedieh.

Der verdiente Oberlausitzer Heimatdichter und Volkskundler Oskar Schwär (1890–1968) befaßte sich auch mit dem Räuberunwesen in seiner Heimat. Über den Nährboden, auf dem es gedeihen konnte, schrieb er: »Die Dorfbewohner waren Untertanen der Gutsherrschaft. Die in den Urbaren (Güter- und Abgabenverzeichnis der Grundherrschaften) verzeichneten Dienste und Schuldigkeiten bedeuteten für die Bauern, Gärtner und Häusler schwere Belastungen: Ganz- und halbtägige Hofedienste mit Gespann und mit der

Öffentliche Hinrichtung durch Schwert, Rad und Galgen
Kupferstich von Daniel Chodowiecki, 1774.

Hand, Fuhren, Dreschen, Spinnen, Botschaft laufen usw., dazu Geld- und Naturalzinse, Beschwer über Beschwer! Auch Häusler mußten an ›gesetzten Tagen‹ auf den Feldern und Wiesen der Herrschaft arbeiten, Dienstgeld und Steuern abführen und Garn spinnen. ›Gedings oder alte unvermögende‹ Häusler mußten wenigstens – ›ohne Entgelt‹ – spinnen, beim Hopfenpflücken und bei der Schafschur helfen. Die Söhne der Untertanen waren zu zwei-, die Töchter zu dreijährigem Gesindedienst auf dem Hofe verpflichtet. Kein Untertan durfte ohne Genehmigung des Herrn das Dorf verlassen. Eigene Erzeugnisse mußte der Untertan zuerst seiner Herrschaft anbieten und sich mit dem Preis begnügen, den sie zahlte; umgekehrt durfte er nicht in anderen Orten kaufen, was seine Herrschaft ihm liefern konnte. Auch auf diese Weise verdiente sie noch an ihm. Kam ein Bauer seinen Verpflichtungen nicht nach, zeigte er sich ›ungehorsam‹, so konnte die Herrschaft ihn verjagen, und Grund und Boden gingen in ihren Besitz über... Mit Spinnen und Weben verdiente man ein kärgliches Brot. Die Hausweber wie die Arbeiter in den Manufakturen, den Spinnereien, Bleichereien, Färbereien,

Lausitzer Weberstube in der ersten Hälfte des 19. Jahrhunderts.

waren völlig abhängig vom kapitalistischen Unternehmer, der den Lohn bestimmte. Für das einzige Produktionsmittel des Webers mußte der Stuhlzins bezahlt werden. In den niedrigen Stuben der Holzhäuser klapperte der Wirkstuhl bis tief in die Nacht hinein. Die

Schlacht bei Dresden am 26. August 1813.

Kinder saßen am Treib- und Spulrad. Sobald sie mit den Füßen den Trittschemel erreichen konnten, wirkten sie mit.«

Während des Bayerischen Erbfolgekrieges 1788/89 marschierte nach einer österreichischen eine sächsisch-preußische Armee in die südliche Oberlausitz ein. Dadurch erlitt die sich langsam erholende Wirtschaft erneut einen großen Schaden, denn schwer drückten die Brandschatzungen und andere mit den Truppendurchmärschen verbundene Belastungen. Bevor sich diese Region erholen konnte, brachen die Napoleonischen Kriege über das Land. Die Einquartierung französischer, bayerischer, württembergischer Truppen, der Auf- und Durchmarsch der Grande Armee nach Rußland, die Kampfhandlungen des Jahres 1813 (Schlacht bei Großgörschen, Schlacht bei Bautzen, Schlacht bei Dresden, Schlacht bei Leipzig) verbunden mit Plünderungen, Erpressungen und Bränden, belasteten das Land schwerer als andere deutsche Staaten.

Die Landwirtschaft erlitt zusätzlich harte Schläge durch Unwetter, Mißernten und Kartoffelfäule infolge anhaltender Dürre. Acht Jahre nach dem Siebenjährigen Krieg »wurde Kursachsen von einer neuen verheerenden Heimsuchung betroffen, die wiederum mit starken Bevölkerungsverlusten verbunden war. Infolge zweier aufeinanderfolgender Mißernten trat 1771/72 eine schwere Hungersnot auf. In beiden Jahren starben 60 000 Menschen mehr als im Verhältnis der vorangegangenen Jahre, 30 000 wurden weniger geboren, so daß mit einem Verlust von fast 100 000 Menschen zu rechnen ist, das sind 6 % der damaligen Einwohnerzahl des Landes.«

Ein Annaberger Pfarrer beschrieb die Zustände im Erzgebirge 1771/72 mit folgenden Worten: »Allein noch nie habe ich meinen heiligen Berg in einer solchen bejammerungswürdigen Verlegenheit als in den gegenwärtigen Tagen gesehen. Die Gotteshäuser sind leer, weil die meisten aus Ermangelung der höchst nötigen Bedeckung des Leibes dieselben zu besuchen sich scheuen. Die Schulen stehen wüste und die Lehrer müssen darben und hungern. Sehr viele Einwohner schmachten in der äußersten Dürftigkeit; das Hausgerät, die Kleidung, die Betten und Decken sind dahin. Die Häuser und Hütten sind verpfändet und verkauft. Man sieht ganze Scharen von Bettlern, die an den Beinen geschwollen sind und im Gesichte verdorrt. Sie ziehen durch die Gassen und bitten bußfällig und flehentlich um einen Bissen Brot, und an wieviele Häuser kamen sie nicht, ehe sie eins finden, aus welchem ihnen eine Gabe gereicht werden kann. Von dem nagenden Hunger gequält, stellen sie Hunden und Katzen nach. Das gefallene, unreine Vieh machen sie zu ihrer Kost. Was kann aus solchen widernatürlichen Nahrungsmitteln entstehen? Nur Krankheit und Tod. Viele Familien liegen am faulen Fieber, und es vergeht kein Tag, an welchem nicht aus Not und Mangel Verschmachtete begraben werden. Meine ganze Stadt stirbt aus.«

Ein anderer Zeitzeuge klagte über die Zustände in der Gegend von Johanngeorgenstadt und Oberwiesenthal im Herbst 1771: »Ich habe das Elend in Breitenbrunn, Rittersgrün, Wiesenthal, Crottendorf, Pöhla, Wildenthal, Eibenstock und Neudorf gesehen. Nie wünsche ich mir und keinem anderen einen so traurigen Anblick wieder zu erleben.«

In diesen Zeiten unvorstellbarer Not waren Betteln, Stehlen, Rauben und Morden an der Tagesordnung. Vergeblich suchten die staatlichen Gewalten der allgemeinen Verwahrlosung Herr zu werden. Bereits August der Starke, Kurfürst von Sachsen und König von Polen (1670 – 1733), hatte immer wieder Gesetze erlassen, um der

16

Bettler, Diebe und Räuber Herr zu werden. Das vom Oberamt Bautzen erlassene "Mandat wegen geschwinder Expandierung derer Räuber und Diebe sambt was deme anhängig«, das auf Grund der Beratung der Landes- und Oberhauptleute zu Budissin erlassen wurde, kam der Forderung Augusts nach, sich darüber zu äußern, wie die »Steuerung des überhand nehmenden Räubertums und Diebsgesindels« erreicht werden könne.

Daß der Absicherung der nach Polen führenden Straßen auch später eine besondere Bedeutung zukam, läßt das »Geschärfte Mandat wider die Räuber und Mordbrenner« vom 29. 12. 1733 erkennen, das der Sohn August des Starken, Friedrich August II., erließ, als er sich zur Krönung nach Krakau begab. Ihm folgte am 14. 12. 1753 ein »Erneuertes und geschärftes Mandat«.

Während der Herrschaft dieses Regenten wuchs die Zahl der Bettler- und Räuberbanden. Sein Kabinettsminister Graf von Brühl hatte den Heeresetat drastisch gekürzt, was zur Reduzierung der Truppenstärke führte. Entlassene Soldaten fanden Aufnahme in den Räuberbanden. Das Bandenwesen nahm geradezu militante Züge an.

Ein Gesetz vom 8. Januar 1770, erlassen von Kurfürst Friedrich August III., dem späteren ersten sächsischen König, versucht erneut, das Bettelwesen zu steuern. Ein weiteres vom 7. April 1772 regelt das Außer-Landes-Verbringen der fremden Bettler und anderer mit Krankheiten befallener Fremder, gefolgt von einem Mandat zur Versorgung der Armen und Abstellung des Bettelwesens. Ein späteres Generale gibt den Torschreibern und Visitoren Anweisung, daß Bettlern und anderen unliebsamen Personen die Einreise zu verweigern sei.

Die Napoleonischen Kriege bewirkten einen Rückgang staatlicher Autorität, was eine rapide Zunahme des Bettel- und Räuberwesen zur Folge hatte. Da half auch die freiwillige Bildung bürgerlicher Nationalgarden in den Städten nicht viel, die für Ruhe und Ordnung sowie für den Schutz des Eigentums verantwortlich waren und als polizeiliche Hilfstruppen fungierten.

Sofern sich die Diebe und Räuber vorrangig an die Begüterten hielten, war ihre Verurteilung in der Bevölkerung durchaus nicht einhellig. Je härter das Elend, desto schärfer ist der Gegensatz zwischen arm und reich. Die notleidende Mehrheit hatte ihr eigenes

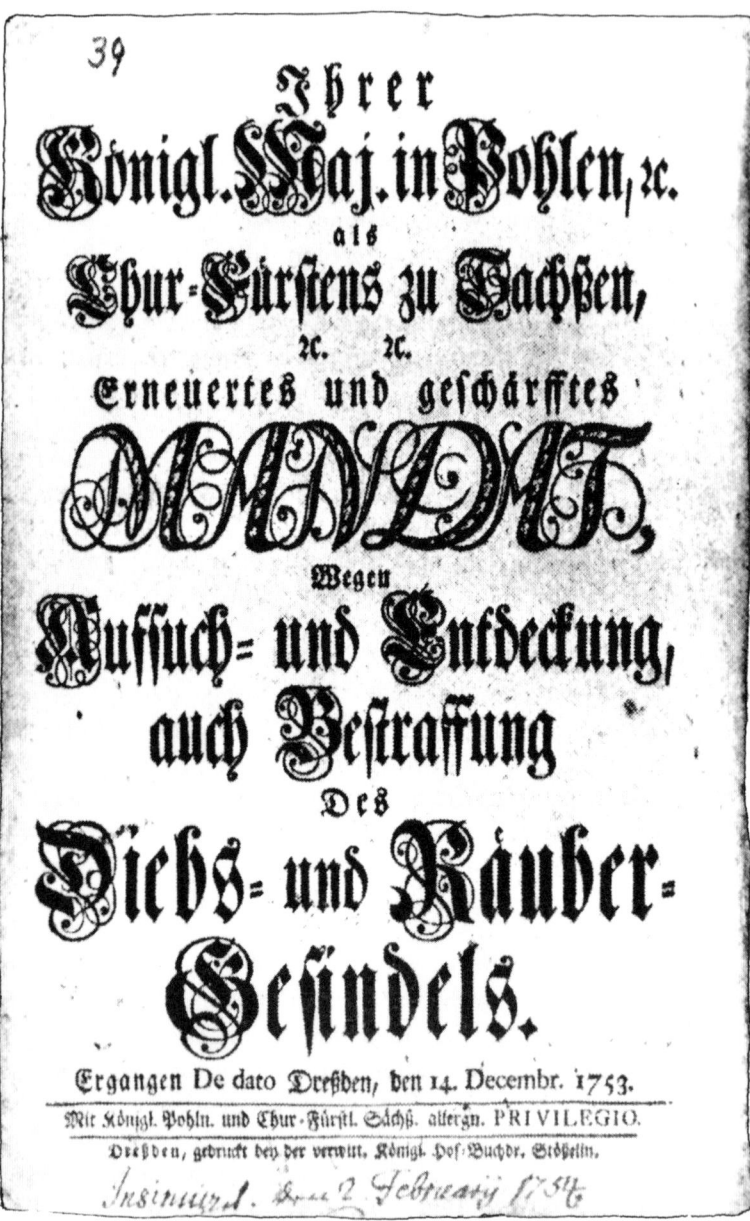

39

Ihrer

Königl. Maj. in Pohlen, 2c.

als

Chur-Fürstens zu Sachßen,

2c.   2c.

Erneuertes und geschärfftes

MANDAT,

Wegen

Aufsuch- und Entdeckung,

auch Bestraffung

Des

Diebs- und Räuber-

Gesindels.

Ergangen De dato Dreßden, den 14. Decembr. 1753.

Mit Königl. Pohln. und Chur-Fürstl. Sächß. allergn. PRIVILEGIO.

Dreßden, gedruckt bey der verwitt. Königl. Hof-Buchdr. Stößelin.

Insinuirt. den 2. Februarij 1754

Titelblatt des vom sächsischen Kurfürsten erlassenen Gesetzes vom 14. Dezember 1753 zur Bekämpfung des Verbrecherwesens.

Urteil über die Räuber, das sich nicht mit dem der wohlhabenden Minderheit decken mußte. Der fronende Häusler, der schwindsüchtige Hausweber, der besitzlose Bauernknecht mochten in einem Raubüberfall auf einen Handelsunternehmer oder Rittergutsbesitzer eher einen Racheakt für selbst erlittenes Unrecht sehen als ein verabscheuungswürdiges Verbrechen; und wenn sie einem Räuber Unterschlupf gewährten, so begehrten sie damit auf ihre Art und Weise gegen ihr Elend auf.

Neben Fronverweigerungen, Fronstreiks, schlechter und unzulänglicher Ableistung der auferlegten Verpflichtungen, neben Prozessieren und Entlaufen war auch der Widerstand gegen das Jagdprivileg des Adels eine Form des Protestes. Seit dem frühen Mittelalter hatten nur die Adligen das sogenannte »hohe Jagdrecht«, das sich auf das Jagen großer Vögel und Großwild erstreckte. Es wurde ursprünglich als Privileg vom König an bestimmte Adlige vergeben. In der Folgezeit bildete sich ein Gewohnheitsrecht aller Adligen heraus. Den Bauern war es bei Androhung härtester Strafen verboten, zu jagen, ja selbst das Wild von ihren eigenen Feldern zu vertreiben. Das führte zusätzlich zu schweren Belastungen für die Landbevölkerung, da das Wild große Verwüstungen anrichtete.

Die Bevölkerung auf dem Lande begünstigte auf die verschiedenste Art und Weise die Wilddiebe. Für die Dorfarmut waren diese »freien Wildbretschützen« durchaus nicht die Verbrecher, zu denen die feudale Justiz sie machte. Im Gegenteil! Man unterstützte diese Männer und verbarg sie vor den Häschern, denn die Wildschützen taten ja nur das, was die Bauern im geheimen wünschten. So war ein Solidaritätsgefühl entstanden, das meist stärker war als die Furcht vor den harten Strafen. Vom Wilddieb bis zum Räuber und bis zur Bandenbildung war es dann oft nur ein kleiner Schritt.

Fällt es schon bei den Taten der Wilddiebe schwer, »Gutes und Schlechtes« abzuwägen, so wird es bei den Räuberbanden noch wesentlich schwieriger, festzustellen, wo ihr »Edles«, das heißt ihr Anspruch, Besitzunterschiede zu Gunsten der Armen gewaltsam auszugleichen, aufhörte und wo der Schnapphahn, der Wegelagerer, der Bandit, das gemeine Verbrechertum anfingen. Als ein Typ des »edlen« Räubers gilt im Volksbewußtsein Johannes Karraseck, der im sächsisch-böhmischen Grenzgebiet agierte. In ihm sah man den kühnen Räuber, der der feudalen Obrigkeit so manches Schnipp-

Eine der grausamsten Strafen für Wilderer bestand darin, auf einen gefangenen Hirsch gebunden zu werden, der – in die Freiheit gelassen – verzweifelt versuchte, sich seiner Bürde zu entledigen. Kurfürst Moritz von Sachsen soll als einer der ersten Fürsten diese Strafe verhängt haben.

Schmuggler mit Kraxe.

chen schlug. Man erzählte sich, daß er auch als Beschützer der Armen und Schwachen aufgetreten sein soll. Er habe Bedürftigen sogar von seiner Beute abgegeben.

Der Wert des Erbeuteten hielt sich in damaliger Zeit in Grenzen. Der ganz große Coup gelang selten. Als Nicol List die Güldene Tafel in der Klosterkirche St. Michaelis zu Lüneburg plünderte, war dies eine Sensation. Die Karraseck-Bande erbeutete zwar auf ihrem letzten Raubzug auf einen Schlag 100 000 Taler, doch stellte sich bald heraus, daß dieser Überfall eine Nummer zu groß war. Karraseck und seine Spießgesellen wurden gefaßt und die Beute sichergestellt.

Die Erbeutung solch hoher Summen mußte die Ausnahme bleiben. Banken und Sparkassen, wo sich Kapital konzentrierte, kannte man damals kaum. In Zittau gab es eine einzige Bank für das Gebiet der südlichen Oberlausitz, und die Geschäfte mit ihr waren sehr

Darstellung eines Schmugglerzuges, denen Zollwächter auflauern, auf einer Schießscheibe.

umständlich und schwerfällig. Daher verwahrten die Vermögenden ihr Bargeld zu Hause, in Truhen und sogenannten Geldfäßchen. Diese Fichtenholzgefäße dienten auch zum Transport von Geld. Auf Dienst- und Handelsreisen trug man sie bei sich. Die Räuber wußten also, wonach sie zu suchen hatten.

Neben Raub und Wilddieberei blühte der Warenschmuggel über die Landesgrenzen. Die Obrigkeit stand dem Pascherwesen einigermaßen hilflos gegenüber. Die Maßnahmen, es zu unterbinden, erwiesen sich als unzulänglich. Die langen, unwegsamen Zollgrenzen waren nur schwer zu bewachen oder hermetisch abzuriegeln, geschweige denn ständig zu kontrollieren. So ging der eigentliche

Handel und Wandel oft über die »grüne Grenze«. Auf Schleichwegen gelang es den Schmugglern und Händlern zu jener Zeit, die Zoll- und Grenzverfahren zu umgehen. Die krassen Preisunterschiede im Warenangebot der einzelnen Provinzen und Länder forderten die Menschen förmlich zum Paschen heraus.

Zu den beliebtesten Paschergütern gehörten Salz, Zucker bzw. Sacharin und andere Lebensmittel sowie Tuch- und Wollwaren. Auch Kaffee, Tabak und Alkohol erfreuten sich großer Beliebtheit. So wurden sowohl lebensnotwendige Güter als auch Luxuswaren über die Grenze gebracht.

Niemand fand an der Pascherei aus Böhmen etwas Verwerfliches. Der Hunger trieb die Menschen zu gefährlichen Risiken. Aber Paschen, Pascherwarenhandel und Hehlerei brachten mehr ein als Lohnarbeit.

Postkarte von 1902. Die Grenze verläuft über die Lausche und trennt die Schankstube der Berggaststätte (1945 zerstört) in eine böhmische und eine sächsische Hälfte.

Schikanöse Zollgesetze und die Umständlichkeit der Abfertigung in den Zollämtern trugen dazu bei, daß der Warenschmuggel überhandnahm. Er lieferte die Waren nicht nur billiger, sondern auch in kürzerer Frist.

In der Erzählung »Pascherfriedel« hat Artur Booden (Pseudonym für Eduard Ferdinand Walter), ein ehemaliger österreichischer Zollbeamter und gründlicher Kenner der Verhältnisse, die damaligen Erschwernisse des Warenverkehrs über die Grenze geschildert:

Die Lausche mit Waltersdorf im Winter

Blick auf Waltersdorf am Fuße der Lausche, mit 793 Metern der höchste Berg des Zittauer Gebirges. Ganz rechts der Weberberg. Entlang des Gebirgskammes verläuft die Landesgrenze. Postkarte von 1914.

»Außer dem Eingangszolle war (in einem angenommenen Falle) österreichischerseits auch noch mit dem Durchgangszolle zu rechnen, und oft ganze Tage lang waren die dieser Abgabe unterliegenden Transporte unterwegs. Bereits bei dem Gubernial- oder Hauptzollbeamten in Warnsdorf wurde das zu verarbeitende aufs genaueste untersucht, gewogen und in den Papieren genau nach Beschaffenheit und Gewicht beschrieben, gebucht und registriert; sodann wurde der Transport beim Grenzzollamte derselben Amtshandlung nochmals unterzogen. Von da ging es zum sogenannten Blockhaus an der Seifhennersdorfer Grenze, woselbst die Ware mit den beigegebenen Papieren verglichen und zu diesem Zwecke abermals gewogen werden mußte; und nun erst kam das Gut zur endgültigen peinlichen Abfertigung zum sogenannten böhmischen Zollamte und trat dann, nachdem es wieder sächsischerseits beamtshandelt war, nach

24

Sachsen aus. Kein Wunder, wenn es die meisten vorzogen, statt des geschilderten schleppenden Ganges Rohmaterial oder Ware einfach über den Grenzbach herüber- und hinüber zu werfen!«

Zeitverlust und Verteuerung nötigten zur Umgehung der Zollge-

Schirgiswalde, bis 1809 böhmische Enklave, bis 1845 in freier Verwaltung. Erst danach wurde die Stadt Sachsen eingegliedert.

setze nach dem Motto: Der Kleine mußte paschen, wollte er leben, der Kaufmann wieder konnte ohne diesen Notbehelf mit anderen nicht konkurrieren. Der Pascher nahm also auf seine Weise die Korrektur einer Zollgesetzgebung vor, unter der alle litten. Gemein, niederträchtig erschien den Leuten nicht das Paschen, sondern seine Verhinderung.

Es bildeten sich Pascherbanden, die in langen Zügen große Mengen von Waren durch die Grenzwälder schleppten. Da Zusammenstöße mit Grenzjägern drohten, versahen sie sich mit Waffen. Es kam zu Gefechten, bei denen es auf beiden Seiten Verwundete und Tote gab. Das Volk nahm, wie die unzähligen Pascheranekdoten zeigen, Partei für die Pascher und betrachtete sie als Freunde in der Not. Manche Pascher-Anekdoten berichten auch von Zöllnern, die beide Augen zudrückten, wenn sie alte Leute und Kinder, denen man die

25

Armut ansah, beim Schmuggeln ertappten. Sie hatten Verständnis für die Lage der kleinen Leute, gehörten die Grenz-, Zoll- und Gerichtsbeamten in Sachsen und Böhmen doch selbst nicht zu den begüterten Ständen.

Begünstigt wurde das Paschen in Sachsen vor allem durch die in Ostsachsen bestehenden böhmischen Enklaven – das Städtchen Schirgiswalde mit Neuschirgiswalde und die Gemeinde Niederleutersdorf. Diese Enklaven waren Zentren des groß aufgezogenen Warenschmuggels, konnten doch hier die Zollgesetze auf ideale Weise umgangen werden.

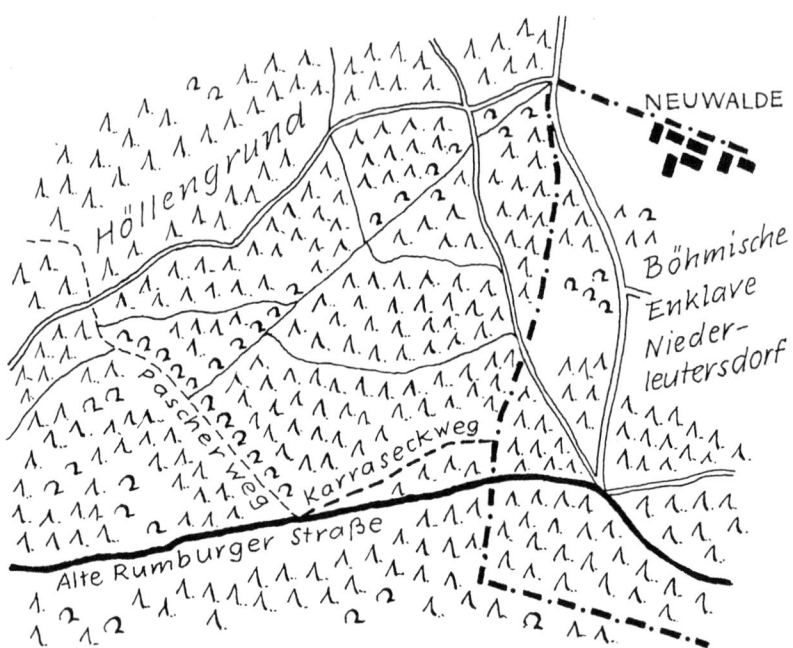

Das bevorzugte Revier für Schmuggler, Diebe und Räuber zwischen böhmischer Grenze und der böhmischen Enklave Niederleutersdorf in der Oberlausitz.

Obwohl während des Dreißigjährigen Krieges die Lausitz zu Sachsen kam, blieben Schirgiswalde und Niederleutersdorf böhmisch, und Schirgiswalde erhielt sogar 1665 vom österreichischen Kaiser und König von Böhmen Leopold I. das Stadtrecht verliehen. Für zwei Jahrhunderte waren damit beide Orte böhmische »Inseln« auf sächsischem Gebiet. Als dann im Zuge der napoleonischen Eroberungskriege Österreich den Schönbrunner Diktatfrieden von 1809 hinnehmen mußte, verlor es auch die böhmischen Enklaven in Sachsen.

Im Falle Schirgiswalde geschah jedoch nichts weiter, als daß die bisherige Oberhoheit für beendet erklärt wurde. Während der fortdauernden kriegerischen Auseinandersetzungen wurde vergessen, das Gebiet neu zuzuordnen. Es gab manche, die hingegen darin einen gewollten diplomatischen Trick sahen, aus dem mehrere Sei-

Nicht nur der Oberlausitzer Höllengrund, auch das Höllental im Schwarzwald war ein Revier von Räuberbanden – hier der Überfall auf eine Postkutsche. Lithographie um 1850.

ten Vorteile zogen. Die sich nun entwickelnde »Stadtrepublik« Schirgiswalde mit eigener Verwaltung richtete sich weder nach österreichisch-böhmischen noch nach sächsischen Gesetzen, gewährte Steuerfreiheit, verlangte keine Zölle usw. So wurden aus den

„Trüg'ſt Du ſtatt der Maien=
glocken,"
Spricht des Waldes kühner
Sohn,
„In dem Korb den Schmuck
des Königs,
Frei doch zögeſt Du davon."

Der »edle Räuber« war ein beliebtes künstlerisches Motiv.
Illustration zu Ludwig Uhlands Gedicht »Der Räuber«.

europäischen Handelszentren Waren in großer Menge eingeführt, gelagert und dann nach allen Richtungen geschmuggelt.

Erst 1848 kamen der sächsische Gesandte in Wien und der österreichische Staatskanzler Metternich überein, die 1809 »vergessene« ehemalige böhmische Enklave Schirgiswalde nunmehr Sachsen anzuschließen.

Mit Ausnahme des Stülpner-Karls konnte sich kein Wilddieb oder Pascher, wie der Schmuggler in der Zigeunersprache genannt wurde, an Popularität mit einem Karraseck, Lips Tullian oder dem böhmischen Wenzel messen. Die Könige unter den Erzgaunern waren die Führer der berühmt-berüchtigten Räuberbanden. Wenn man sich an den langen Winterabenden im Erzgebirge und in der Oberlausitz von ihnen erzählte, dann mischte sich Grauen mit Bewunderung. Wer in gedrückten Verhältnissen lebte, wird selbst von einem wildromantischen Räuberdasein geträumt haben, und manches weibliche Wesen mag sich in der Phantasie von einem kühnen Räuberhauptmann entführt gesehen haben.

Wenn die Wirklichkeit auch anders aussah und die Räuber nicht gerade in Felsenhöhlen und in Waldeseinsamkeit ein paradiesisches Dasein fristeten, auf einen abenteuerlichen Lebenslauf konnte jeder von ihnen zurückblicken. Sie hatten den öffentlichen Gewalten getrotzt, die Stützen der Gesellschaft, die Begüterten in Angst und Schrecken versetzt und es zu einer furchtgebietenden Berühmtheit gebracht. Desto kläglicher war das Ende, das den meisten von ihnen beschieden war. Wer nicht nach barbarischer Folter geköpft, gehenkt, gerädert wurde, siechte in seiner Gefängniszelle dahin. Daß sich Menschen, ein grauenvolles Ende vor Augen, trotzdem nicht vom Leben außerhalb von Recht und Ordnung abbringen ließen, selbst nach gelungener Flucht den Weg des Verbrechens fortsetzten, ist nicht allein aus sozialen Gründen zu erklären, auch nicht aus der seelischen Deformierung in einer trostlosen Kindheit. Angeborene ungewöhnliche Charaktereigenschaften müssen eine verhängnisvolle Verbindung mit ungewöhnlichen Umwelteinflüssen eingegangen sein. Verwegenheit, Kühnheit, Geistesgegenwart, Freiheitsdrang auf der einen Seite, Habgier, bis zur Brutalität gehende Aggression auf der anderen zeichnen diese verwegenen Gestalten aus. Einigen von ihnen ist auch ein gewisser Ehrbegriff nicht abzusprechen. Es war unter ihrer Würde, sich wie das verächtliche Diebsgesindel an der Habe der Armen zu vergreifen. Anekdoten zufolge sollen sie sogar den Armen beigestanden haben. Insofern umgibt die Führergestalten mancher Banden nicht ganz zu Unrecht die Aura des Außergewöhnlichen. Sie sind auf ihre abstruse Art zu Helden geworden, gerade wegen ihrer Distanz zur nicht weniger abstrusen Zivilisation.

LITERATURHINWEISE

Andrich, Gerold: Räuber, Bürger, Edelmann, jeder raubt so gut er kann. Die Zeit der großen Räuberbanden 1790 und 1803. Neunkirchen 1975.
Breibeck, Otto Ernst: Ertz-Maleficanten. Wilddiebe, Räuber, Mordbanditen. Regensburg 1977.
Breibeck, Otto-Ernst: Schurken, Lumpen, Mordgesellen. Regensburg 1977.
Danckert, Werner: Unehrliche Leute. Die verfemten Berufe. Bern und München 1963.
Die deutschen Räuberbanden. In Originaldokumenten herausgegeben und kommentiert von Heiner Boehncke und Hans Sarkowicz. Frankfurt a. M. 1991.
Esche, F. A.: Das Räuberunwesen in Sachsen in Früheren Zeiten. In: Oberlausitzer Erzähler 1920, Nr. 17.
Glenzdorf, Johann; Treichel, Fritz: Henker, Schinder und arme Sünder. 2 Bde. Bad Münster 1970.
Kosean-Mokrau, Alfred: Räuberleben – Räubersterben. Aus der Geschichte berühmt-berüchtigter Banden und Banditen. Bern und Stuttgart 1972.
Krausnick, Michail: Von Räubern und Gendarmen. Berichte und Geschichten aus der Zeit der großen Räuberbanden. Würzburg 1978.
Küther, Karsten: Räuber und Gauner in Deutschland. Das organisierte Bandenwesen im 18. und frühen 19. Jahrhundert. In: Kritische Studien zur Geschichtswissenschaft. Band 20. Göttingen 1976.
Wolff, M.: Wörterbuch der Gaunersprache. Mainz 1960.

Böhmische Mordbrenner in Annaberg

Die bekannteste Dienstvorschrift für Türmer ließ wohl Goethe seinen Faust formulieren:

»Dies ist … der Mann,
mit seltnem Augenblitz vom hohen Turm
Umherzuschauen scharf zu überspähn,
Was etwa da und dort sich melden mag …«

Ganz sicher war ähnliches dem Türmer von Sankt Annen, Paul Günther, bereits 1604 eingeschärft worden. Mit dessen seltnem Augenblitz war es aber am Freitag, dem 27. April des genannten Jahres, nicht weit her. Auch überspähte er keineswegs scharf seine Stadt Annaberg, sondern er legte sich auf ein Stündchen zur Mittagsruhe und hatte wahrlich einen gesunden Schlaf.

Dabei hätte Paul Günther allen Grund zu erhöhter Wachsamkeit gehabt, denn das Frühjahr des Jahres 1604 war zeitig und mit ungewöhnlicher Kraft über den erzgebirgischen Winter gekommen. Seit Mitte April beherrschte ein starker und warmer Föhn das Gebirge. Er hatte die mit Schindeln bedeckten Dächer der etwa 700 Häuser Annabergs erst vom Schnee und schließlich von der Nässe befreit. Ringsum war es trocken wie sonst nur in den Tagen des Hochsommers.

Paul Günther aber schlief friedlich in der Mittagsonne und erwachte erst am Nachmittag gegen drei Uhr durch ungewöhnliche Wahrnehmungen. Eine heiße Faust rüttelte den Turm mit dumpfem Grollen. Im beizenden Rauch sah der Türmer voller Entsetzen: Seine Stadt brannte.

Für eine Alarmierung war es bereits zu spät. Zwischen Buchholzer und Wolkensteiner, vom Frohnauer bis zum Böhmischen Tor stand alles in Flammen, dazu die Häuser außerhalb der Mauer. Es gab keinen Flecken in der Stadt, der von der gierigen Furie verschont geblieben war. Ein schrecklicher Feuersturm trieb Flammen, Funken und Rauch vor sich her. Turm und Dachstuhl der Annenkirche begannen zu brennen.

Das Feuer mußte zwischen ein und zwei Uhr ausgebrochen sein. Seinen Anfang hatte es beim Uhrmacher David Spindler in der Wol-

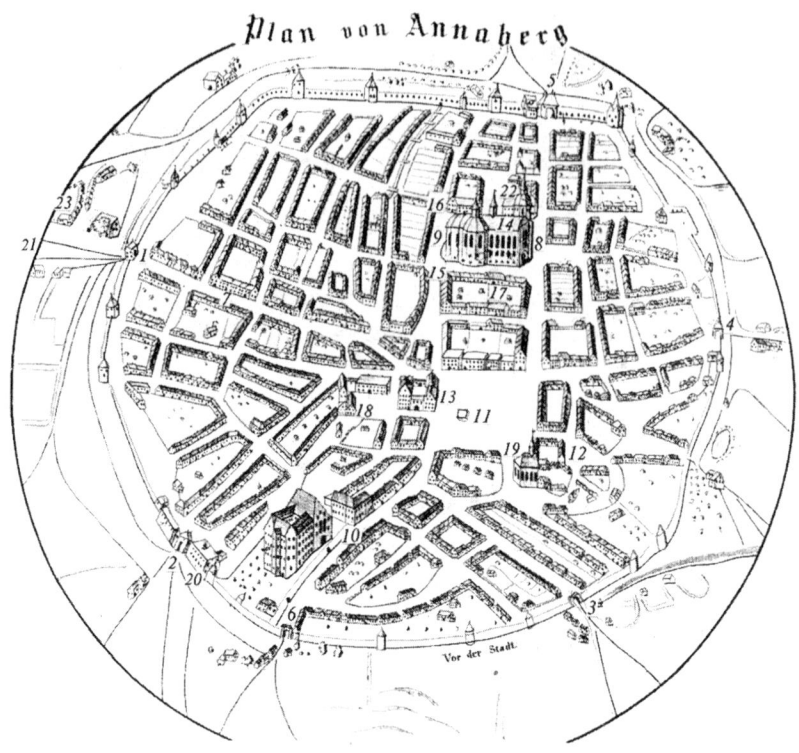

Plan von Annaberg nach Jenisius, vor dem Brand.
1 Wolkensteiner Tor, 2 Mühltor, 3 Frohnauer Tor, 4 Buchholzer Tor,
5 Böhmisches Tor, 6 Klosterpförtlein, 7 Wolkensteiner Gasse, 8 Große
Kirchgasse, 9 Kleine Kirchgasse, 10 Klostergasse, 11 Markt, 12 Topfmarkt,
13 Rathaus, 14 St. Annenkirche, 15 Pfarrhaus, 16 Altes Pfarrhaus, 17 Alter
Kirchhof, 18 Kloster, 19 Knappschaftskapelle, 20 Kornhaus, 21 Spital,
22 Schule, 23 Scheunen.

kensteiner Gasse genommen. Als man dessen Haus retten wollte,
schlugen Flammen aus dem Hospital. Kurz darauf brannte es an etli-
chen anderen Stellen, so bei einem Bäcker und in einer Scheune vor
der Stadtmauer. Bald lief das Feuer nach dem ehemaligen Kloster,
zum Markt und von dort die Gasse zur Kirche hinauf.

Jeder Versuch, dem Brand Herr zu werden, erweist sich als zweck-
los. Alles rennt um das nackte Leben; nur schnell hinaus aus dem
sonst schützenden Mauerring, der jetzt zur Todesfalle geworden ist.
Vor den Toren drängt sich bereits die Menge. Vor allem gegen den

Annaberg um 1600.

Wind nach Buchholz wenden sich die Flüchtlinge, und viele finden
in der Nachbarstadt schützende Aufnahme.

Nicht alle entkommen dem Feuer. Drei Kranke im Hospital sind
zu schwach, um mit eigener Kraft das rettende freie Feld zu erreichen. Sie verbrennen auf ihren Strohsäcken. In einem Haus am
Markt zerrt voller Todesangst der geisteskranke Johann Biener an
seinen Ketten, mit denen er gemäß damaliger Vorstellungen über die
Behandlung psychischer Erkrankungen an die Wand geschmiedet
ist. Vergeblich versucht seine Schwester Benigna, die Fesseln zu
lösen. Unter den Trümmern ihres Vaterhauses finden beide den Tod.
Im Schiff der Annenkirche bereitet man ihnen später die gemein-
same letzte Ruhestätte, das sogenannte Geschwistergrab.

Zum Glück finden sich beherzte Männer, die Sankt Annen retten. Zwar wird das mit Kupfer beschlagene Dach der Kirche ein
Raub der Flammen und der Turm schwer beschädigt, aber das
Gemäuer des Schiffes hält stand. Im Inneren bleibt die künstleri-
sche Ausstattung erhalten, bis auf die Orgel, deren zinnerne Pfeifen
in der Hitze schmelzen und auf die Erde tropfen. Gerettet werden
auch die Bergzehntenbücher. Man hatte gerade noch Zeit gefunden,

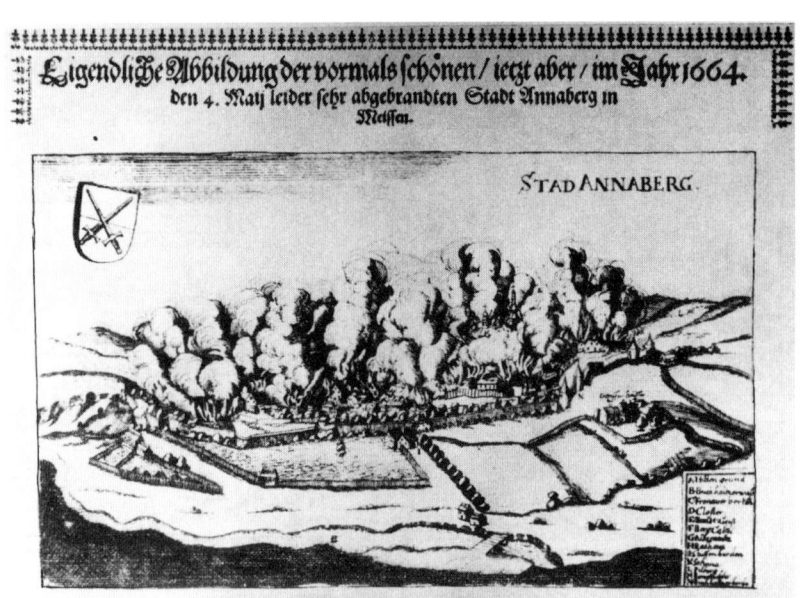

Das brennende Annaberg am 4. Mai 1664.

sie in ein Gewölbe zu bringen und die Tür mit grünem Rasen zu versetzen.

Rat und Bürgermeister sind ebenfalls nach Buchholz geflohen. Von dort beobachten sie in schmerzlicher Ohnmacht, wie die stolze Perle des sächsischen Obererzgebirges zum rauchenden Aschehaufen wird. In der ersten starken Erregung setzen sie am Abend eine Meldung an Kurfürst Christian II. auf. Von ihrer Verwirrung kündet das Ende des Briefes, in dem es heißt: »... gegeben eilends Buchholz, Freidags zu abends zwischen 8 und 9 Uhr. Anno 1604.« Das brennende Annaberg vor Augen, vergessen Rat und Bürgermeister das Datum. Das Feuer wütet bis zum nächsten Morgen gegen drei Uhr. Dann findet es keinen Fraß mehr.

Als der neue Tag anbrach, wurde der gewaltige Schaden sichtbar. Nahezu die gesamte Stadt war vernichtet. Zerstört fand man Rathaus, Kloster, Abthaus, Bergkapelle, Superintendantur, Schule sowie Hospital samt dazugehöriger Kirche und Beinhaus. Bis auf sechs kleine Häuser waren sämtliche Wohnstätten abgebrannt.

Im ersten ausführlichen Brief an den Kurfürsten vom Tage nach dem Unglück, Sonnabend dem 28. April 1604, schilderten Rat und Bürgermeister, soweit sie es schon übersehen konnten, den Verlauf und die Folgen des Stadtbrandes. Dabei machten sie darauf aufmerksam, daß fast zu gleicher Zeit Feuer aus weit auseinanderliegenden Gebäuden schlug, und schlußfolgerten daraus,»des solch großes Betrübnis und Hertzenleidt der Stadt müße von bößen Leutten zugefügt worden sein«.

Kurfürst Christian II. interessierten aus wirtschaftlichen Gründen vorerst weniger die Ursachen des Brandes als dessen Folgen, um diesen wirksam begegnen zu können. Auch glaubte er vielleicht, die Annaberger wollten mit ihrem Gerede von Brandstiftung über Fahrlässigkeiten hinwegtäuschen, die sie möglicherweise zugelassen hatten. Deshalb entsandte der Landesherr schon bald eine Kommission unter dem Bergamtmann Christoph von Schönberg in die eingeäscherte Stadt. Diese klärte nichts Neues auf und legte sich auch hinsichtlich der Ursachen der Katastrophe nicht fest, sondern gab nur an, daß der Brand im Hause des genannten Uhrmachers ausgebrochen sei. Nicht erwähnt wurden die Beobachtungen über den gleichzeitigen Ausbruch des Feuers an verschiedenen Stellen.

Diese amtliche Version übernahm auch der Annaberger Chronist Paul Jenisius, als er in seiner »Annabergae Misniae urbis historia« die Brandkatastrophe schilderte. Da sich alle späteren Darstellungen ohne Kenntnis der entsprechenden Akten vornehmlich auf Jenisius beziehen, blieb diese Version bis zum heutigen Tage die gültige, obwohl Georg Arnold in seiner Chronik von Annaberg, die er 1658 abschloß, eine Brandstiftung nicht für abwegig hielt. »Wie diese schreckliche Feuerbrunst der Stadt zugefügt worden, sind ungleiche Meinungen: Theils imputirens des Uhrmachers Weibe, welche Eyer zubereiten wollen, in die heise Butter Wasser gegoßen, davon das Feuer geschwinde auffgefahren, durch die Feuermeyer kommen, und zu Dach außgebrunnen; Es ist auch die Sage domahls gegangen, ob wahren Mordbrenner vorhanden gewesen, welche mit Einwerffung allerhand Zunderwercks, diese Fewersbrunst versterrcket hätten, welche, wie Dresserus meldet, zu Prag geschmächt worden.«

Der Verdacht verstummte nicht gänzlich, daß Annaberg angezündet worden sei. Noch 1896 schrieb M. Grohmann: »Die Ursache des Brandes hat man nie ermitteln können. Man vermutete, um doch

Die St. Annenkirche um 1830.

eine Erklärung für den Umfang des Feuers zu haben, Brandstiftung durch Mordbrenner.«

Ein Blick in die Akten des Staatsarchives Dresden läßt uns wissen, daß Annaberg 1604 tatsächlich angebrannt worden ist. Durch das Aktenstudium können wir sogar die Täter beim Namen nennen.

Kurz nach der Katastrophe hatte Christian II. durch ein Rundschreiben die Herrscher der an Sachsen angrenzenden Lande in Kenntnis von der völligen Zerstörung Annabergs gesetzt und um Hilfe für den Wiederaufbau gebeten. Ob er damit Erfolg hatte, wird aus den Akten nicht sichtbar. Auf alle Fälle gelangte die Kunde von der Feuersbrunst nach Prag. Dort hatte man eine Bande von Mordbrennern gefaßt und am 7. Juli 1604 mit einem peinlichen Verhör der Delinquenten begonnen.

Der Henker führte diese in die Folterkammer, zeigte ihnen die Marterwerkzeuge und erklärte ausgiebig Gebrauch und Wirkung derselben. Als trotz allem die Gefangenen zu einer freiwilligen Aussage nicht bereit waren, rissen ihnen die Henkersknechte die Kleider vom Leibe, banden ihre Opfer auf die Streckleiter und zwickten mit glühenden Zangen in die Arme und Beine der sich vor Schmerzen Windenden. Beim Lesen des Protokolls, das der Prager Schreiber während der Folterungen aufnahm, ahnt man nach jedem Satz mit Grauen den Griff der Zange und die Schreie der Opfer. Kein Satz hat Bezug zum vorangegangenen. Nach jedem Punkt, den der Protokollant setzte, fuhr die Zange zischend aufs neue ins Fleisch und ließ alles vergessen, was vorangegangen war.

Aus den zusammenhanglosen Sätzen lassen sich schließlich Gründe sowie Art und Weise der Verbrechen feststellen. Eine personell lose zusammengewürfelte Rotte zog in zeitlichen Abständen von Prag aus aufs Land, um sich durch Bettel zu ernähren. Wie so oft begegnet uns auch hier soziale Not als Nährboden potentieller Verbrechen. Und Not herrschte tatsächlich Anfang des 17. Jahrhunderts in beträchtlichem Maße. Eine Verschiebung des gesamten Preisgefüges hatte in weiten Teilen Europas solche Formen angenommen, daß z. B. die Preise für Grundnahrungsmittel etwa drei- bis viermal höher gestiegen waren als hundert Jahre zuvor.

Besonders hart waren davon die Städte betroffen, da die Preise für gewerbliche Produkte nicht in dem Maße stiegen wie für landwirtschaftliche. Katastrophal wirkte sich das auf die Lage der Handwerksgesellen und die Stadtarmut aus. Deren Lohnentwicklung blieb im genannten Zeitraum etwa um die Hälfte gegenüber der Preisentwicklung zurück. Das alles potenzierte sich im Rudolfinischen Prag noch auf Grund der Gegensätze zwischen dem habsburgischen Landesherrn und den böhmischen Ständen. Prag war damals nahezu prädestiniert, ein Sammelbecken der Unterwelt zu sein. Nicht umsonst siedelte Nikolaus Ulenhart seine Gaunergeschichte »Ceremoniel der Gaw-Dieb, Banditen und Spitzbuben« im Prag des beginnenden 17. Jahrhunderts an.

Unsere Delinquenten vollzogen den entscheidenden Schritt vom Betteln zur Kriminalität im nahe Prag gelegenen Ort Beraun. Dort hatte einer der bettelnden Rotte, Kristoff Hubatka mit Namen, vielleicht aus Mitleid, vielleicht aus Übermut einem Vogelsteller die Käfige geöffnet, so daß einer der Vögel in die Freiheit fliegen konnte. Voller Ärger darüber verprügelte der Vogelsteller den Hubatka, der nun seinerseits auf Rache sann. Zwei seiner Kumpane stachelten ihn zu einem Vergeltungsschlag an. Auf der Folter sagte Hubatka aus: »Der Slansky und der Trubatz haben mich darauf angehötzt, das ich bai imher anzinden sol.« Sie steckten also das Haus des Vogelstellers an. Im Durcheinander, das der Brand auslöste, bemerkte die Bande, daß da mehr zu holen war als mit Betteln.

Von nun an bekam die ganze Sache Methode. Janek Trubatz fühlte sich für die technische Seite verantwortlich. Er baute zylindrische Pappröhren, die er mit Pulver füllte und mit einer Zündschnur versah. Das Pulver kaufte Trubatz von einer gewissen Magdalena auf der Karlsbrücke für drei weiße Groschen das Pfund, und zwar »in Pixen«, wie es in schönem Prager Deutsch die Akten vermelden. Derart ausgerüstet, verunsicherte nun die Bande die nähere, vor allem aber die weitere Umgebung Prags. Die angewandte Taktik war stets die gleiche: Nach erfolgreicher Brandlegung agierten die langen Finger. Dem Trubatz muß wohl nach und nach der Boden zu heiß geworden sein, denn er ließ sich als Trommelschläger bei einem Haufen Landsknechte anwerben. Dort konnte er einige Jahre später während des Dreißigjährigen Krieges seine Qualifikation als Brandstifter legal unter Beweis stellen.

Bald sah sich die Bande aus konspirativen Gründen genötigt, ihren Aktionsradius zu erweitern. Im Frühjahr des Jahres 1604 zogen zehn der Mordbrenner über Saaz nach Brüx. Es waren dies: Jan Duda, Georg Korzenatey, Machek Kremliczek, Kristoff Hubatka, Georg Snilota, Mates Zikan, dessen Weib, ein gewisser Georg nebst Anna, seiner »Vettel«, sowie Dorothea, eine Zigeunerin.

Schnell wurde in Brüx mittels bewährter Methode Geld für Wegzehrung beschafft, dann ging es weiter nach Annaberg. An wieviel Stellen die Bande dort Feuer legte, läßt sich nicht mehr rekonstruieren. Die Aussagen der Gefolterten bewegen sich zwischen drei und sechs. Deutlich wird aber, daß die Stadt sowohl innerhalb als auch außerhalb der Stadtmauer angesteckt wurde. Dabei fungierte Mates

Zikan als Anführer. Nach vollbrachter Missetat hatte es die Bande eilig, sich aus dem Staube zu machen. Mates Zikan sagte aus: »Als wir von Sant Anna Perch bai drai Mailen gegangen sint, nicht wait vom warmen Padt … ist ain geschrai geschehen, das es zue Sant Anna Perch brint.«

Im Kontext der vom Prager Gericht aufgedeckten Verbrechen war die Einäscherung Annabergs nur eine Untat unter vielen anderen. Die Brandstifter wurden folgerichtig allesamt an Leib und Seele bestraft, und zwar teilweise in furchtbarer Art und Weise. Kristof Hubatka band man z. B. mit einer Kette so an eine Säule, daß er wie ein Hofhund noch ein wenig Bewegungsfreiheit hatte. Im Abstand der Kettenlänge wurde rings um die Säule Holz aufgeschichtet und angebrannt. Auf diesem engen Raum sprang Hubatka verzweifelt hin und her, um sich der entsetzlichen Hitze zu entziehen, bis er, lebendigen Leibes gebraten, zusammenbrach.

Die Übeltäter versuchten soviel Schuld wie möglich auf andere abzuwälzen. In einer freiwilligen Aussage gab Mates Zikan an, er sei zur Einäscherung Annabergs von einem reichen Juden mit Namen Abraham angestiftet worden. Die Zigeunerin Dorothea bekräftigte diese Version, nur wollte sie erst den Namen des Juden nicht kennen, obwohl sie ein Jahr lang in dessen Dienst gestanden hätte. Dann behauptete sie, der Jude hätte drei Namen, einer davon wäre Salomon Herz Vater. Die Brandstifter verwickelten sich dermaßen in Widersprüche, daß ihre Beschuldigung bald als Lug und Trug erkannt wurde und keine weitere Beachtung fand.

Nach Abschluß der Untersuchungen erstattete der Prager Richter Daniel Hirsch dem sächsischen Kurfürsten Bericht, und zwar in tschechischer Sprache. Vielleicht ist darin die Ursache zu suchen, daß selbst Paulus Jenisius 1605 die genauen Umstände des Brandes nicht bekannt waren. Eine wörtliche Übersetzung ins Deutsche ist den Akten ohne Zweifel erst später beigegeben worden. Sie wurde in Prag angefertigt, wie die Wasserzeichen im Papier beweisen. Aber die Übersetzung ist von anderer Hand geschrieben als der erste Bericht, außerdem ist der Brief anders gefaltet, also sicher nicht mit derselben Post abgesandt worden. Es ist deshalb anzunehmen, daß die Übersetzung erst nach Drucklegung der Chronik des Paulus Jenisius in Dresden eingegangen ist, mithin keine Berücksichtigung mehr finden konnte.

Die Annaberger hatten ihrerseits genug zu tun. Da kam es weniger darauf an, nach Brandstiftern zu forschen. Zuerst stäupten sie ihren Türmer Paul Günther und verwiesen ihn auf ewig des Landes, denn er war zum Sehen geboren und zum Schauen bestellt, nicht aber zum Schlafen.

Nach drei Jahren standen bereits 300 neue Häuser, Beweis für Lebenswillen und Fleiß der Annaberger.

LITERATURHINWEISE

Roch, W.: Annaberg 1496–1946. Annaberg-Buchholz 1946.

Staatsarchiv Dresden: Loc. 7316. Cammersachen. Anno 1604. Erster Teil, Bl. 353, 355–358, 368, 372 u. 373, 380, 382, 386 f.

Jenisius, P.: Annaberger Misniae urbis historia. Dresden 1605.

Arnold, G.: Cronicon Annaebergense continuatum, Annaberg 1812.

Grohmann, M.: Festschrift zur 400jährigen Jubelfeier der Stadt Annaberg. Annaberg 1896.

Forster, H.: Annaberg-Buchholz und das Obererzgebirge. Leipzig 1962 (Städte und Landschaften, Heft 8).

Schmiedt, R. F.: Vorgeschichte, Verlauf und Wirkungen des Dreißigjährigen Krieges. In: Deutschland von 1476 bis 1648. Berlin 1967.

Der Räuberhauptmann Nicol List
alias Dr. Johann Rudolph von der Mosel

Daß sich Nicol List gern als Doktor titulieren ließ, beruhte zwar auf purem Schwindel, denn er hatte nie die Schwelle einer akademischen Anstalt überschritten, wenn man von einem Einbruch in die Studierstube eines Professors absieht, aber ganz ohne wissenschaftliche Kenntnisse war der Räuberhauptmann auch nicht. Zumindest wurde die Medizin gern eingenommen, die Nicol List als Dr. von der Mosel mischte. Und daß ihm seine Kunden treu blieben, also wiederkommen konnten, spricht zumindest für den unschädlichen Charakter seiner Arznei.

Übrigens gebrauchte Nicol List den akademischen Grad nie aktiv. Er beteuerte mit Nachdruck, »daß er sich davor niemals selbst ausgegeben, und ihm der Doctor-Titel ohne seinem Willen und Begehren von denen beygelegt worden, die da gemeint, daß der müste seyn, der ein Rezept schriebe, und der ein Koch, der ein langes Messer trüge«. Die passive Akzeptierung des Doktorgrades durch Nicol List zeigt dessen eigentlichen Lebenswunsch: in die Wunder der unendlichen Welt mit der Kraft des Geistes einzudringen und des Genusses teilhaftig zu werden, den das Denken beschert.

Da es Nicol List in seiner Jugend verwehrt blieb, eine höhere Bildung zu erlangen, schien es vorgezeichnet, daß sich sein Lebensweg in der grauen Masse der Unbedeutenden verlieren würde. List war jedoch einer, der seinen Kopf, solange er ihn hatte, selbständig gebrauchte. Seine Gedanken waren stets originell. Wer weiß, was er hätte werden können, wenn ihm die Umstände freundlicher gesinnt gewesen wären!

Sie waren es nicht, und so wurde er ein Räuberhauptmann, und zwar mit Gewißheit der größte, dessen Wiege in Sachsen stand.

Er wurde am 5. Dezember 1654 in Waldenburg geboren. Im dortigen Taufbuch steht: »Nicolaus Johann List, eines Tagelöhners Söhnlein allhier – Dieses Kindes Eltern, als Johann List und Magdalene, Hans Graintzens Tochter von Kauffungen haben sich unehelich zusammengefunden, sind nach Bekenntnis ihrer Tat, gefänglich gesessen, und folgend dann, wie solchen Leuten gebührt, getraut

NICKEL LIST,
wie er sich, als den Herrn
JOHANN RUDOLPH von der MOSEL
aufführete.

Nicol (Nickel) List alias Johann Rudolph von der Mosel.

worden. Darauf Kirchenbüße getan, und bald darauf dieses Kind erlanget.«

Als Nicol List das Alter erreicht hatte, um Lesen, Schreiben und Rechnen zu erlernen, brachten ihn seine Eltern in die Waldenburger Schule, »darinn er wegen seines fähigen und scharfen Ingenii was hätte fortbringen können, wann ihn nicht seiner Eltern Armuth den von Gott verliehenen natürlichen Verstand auszuüben gehemmet hätte. Müste deshalben die Studia quitiren.«

Diese Worte schrieb Nicol Lists Beichtvater Sigismund Hosmann nach der Hinrichtung des Räuberhauptmanns. Sie gründen sich auf lange Gespräche, die beide im letzten Kerker des zum Tode Verurteilten geführt hatten.

Aus den Worten ist also in erster Linie die Reflexion Nicol Lists über seine eigenen schulischen Leistungen herauszulesen, weniger die Tatsächlichkeit. Aber Lists Reflexion berührt uns. Sie zeigt das lebenslange Bedauern des Räuberhauptmanns, in seiner frühen Jugend den Faden zu einer wenigstens geordneten schulischen Bildung abgeschnitten bekommen zu haben.

Nach seinem Ausscheiden aus der Schule suchte und fand Nicol List eine Anstellung als Stallbursche im Schönburgschen Hause, später bei anderen Edelleuten. Er erlernte das Reiten und wohl auch die Grundbegriffe seiner künftigen Profession. Jedenfalls fiel der Verdacht auf List, als einmal eine Geldkasse gestohlen worden war, weil man in dem jungen Stallburschen einen kannte, der alle Schlösser zu öffnen verstand.

Vielleicht war ihm das der Anlaß, seiner Herrschaft den Rücken zu kehren und sich bei der Kavallerie anwerben zu lassen. Er diente in sächsischen und brandenburgischen Reiterregimentern. Als die Brandenburger unter dem Großen Kurfürsten am 28. Juni 1675 in der Schlacht bei Fehrbellin gegen die zahlenmäßig weit überlegenen Schweden den Sieg errangen, zeichnete sich Nicol List durch Mut und Klugheit aus. Danach nahm er an mehreren militärischen Aktionen im Elsaß teil.

Im Jahre 1680 kaufte Nicol List ein Haus in Beutha bei Stollberg. Er heiratete eine gewisse Scharffin. Bald verließ er aber Haus und Frau, um unter dem sächsischen Kurfürsten Johann Georg III. gegen die Türken zu ziehen, die Wien belagerten. Nicol List stand im Entsatzheer, das am 12. September 1683 mit dem Sieg am Kahlenberge die osmanische Macht brach, und war einer der Belagerer Ofens, der damaligen ungarischen Hauptstadt. Nach ihrer Befreiung von den Türken im Jahre 1686 ließ sich Nicol List demobilisieren und kehrte in die Heimat zurück. In der Zwischenzeit war seine Frau verstorben. Sie hinterließ ihm eine Tochter.

Es ist kaum anzunehmen, daß Nicol List über den Tod seiner Gattin sonderlich betrübt war, denn er hatte sich im Kriege in Margarethe Göden aus Burg bereits Ersatz besorgt. Mit dieser Frau ließ er sich in Ramsdorf bei Borna nieder und versuchte, seinen Lebensunterhalt als Besitzer einer Schänke zu erwirtschaften. Nach den langen Jahren unsteten Lebens und geistiger Abstinenz des Soldatendaseins glaubte List endlich Ordnung und Ruhe zu finden, vor allem aber Zeit für Lesen, Denken und wissenschaftliches Experimentieren. Die Lust dazu hatten ihm alle Schlachten gegen Schweden, Franzosen und Türken nicht nehmen können.

Und obwohl Nicol List mit Bestimmtheit ein Haudegen schärfster Prägung war, der im Kriege die Köpfe nicht zählte, die sein Säbel spaltete, verliebte er sich inniglich in die karitativen Ideen des Theophrastus Paracelsus. Er begann, sich den Geheimnissen der Arzneikunst zu nähern, mit Erfolg zwar, aber ohne ökonomischen Gewinn, denn er überprüfte seine theoretischen Einsichten vorerst an Freunden, von denen er kein Geld für die verabreichte Medizin nahm.

Die Tage der Ruhe und der Zurückgezogenheit waren aber gezählt. Bald sprach es sich unter Nicol Lists ehemaligen Regimentskameraden herum, daß dieser eine Schänke im Sächsischen bewirtschafte. Und weil in damaliger Zeit Demobilisierung oft mit sozialer Entwurzelung und Heimatlosigkeit einherging, zog Lists Schänke die nun zum Ungeziefer gewordenen einstigen Verteidiger des Abendlandes magisch an. Bald fühlte sich allerlei Gesindel im Hause Nicol Lists heimisch, soff mit geweiteten Kehlen auf Kosten des Wirtes und plante dunkle Geschäfte, von denen ohne sonderliche Mühe reicher Gewinn zu erhoffen war. Ein abgedankter Wachtmeister und ein österreichischer Student entwickelten diesbezüglich besondere Aktivitäten. Schließlich weihten sie List in ihre Vorhaben ein und gewannen ihn teils mit Lockungen, teils mit erpresserischen Andeutungen zum Komplizen.

So ließ sich Nicol List zu einem Raubzug nach Mechelsgrün bei Plauen überreden, wo die Bande mit einem Brecheisen in das Haus der Frau von Tettau einbrach und diese um 50 000 Taler erleichterte. Lists Anteil betrug 1 200 Taler, deren er aber nicht froh wurde. Offensichtlich waren seine Komplizen skrupelloser als er, denn sie nahmen ihm nicht nur einen Teil der Beute wieder ab, sondern überfielen in seiner Abwesenheit das Haus, drangsalierten seine Frau und ließen sich von ihr eine Woche lang fürstlich bewirten. Waren sie mit der Speise nicht zufrieden, die ihnen Lists Weib vorsetzte, schnüffelten sie so lange in den Gewölben herum, bis sie besseres gefunden hatten.

Nachdem die Plagegeister auch der Frau noch 66 Taler abgenommen hatten, ritten sie davon. Als Nicol List heimkehrte und den Schaden besah, traf er Sicherheitsvorkehrungen, die ihm aber nichts halfen, denn bald besuchte ihn die Bande wieder und scherte sich diesmal auch nicht darum, daß der Herr im Hause war.

Die Räuber banden Nicol List die Hände auf den Rücken, um danach in Ruhe mit 320 Talern Beute samt seinen beiden Pferden das Weite zu suchen. Gar zu weit entfernten sie sich allerdings nicht. Schon am nächsten Tag lud sich die Bande erneut aus eigener Initiative in Lists Haus ein. Diesmal fanden die Räuber Gefallen an Kleidung und Schmuck. Daß sie dennoch List gegenüber eine abergläubige Scheu hegten, belegt die Tatsache, daß ein Räuber seine Pistole mit einem silbernen Knopf geladen hatte, was im Denken der damaligen Zeit ein probates Mittel gegen solche war, die sich durch das Bündnis mit dem Bösen kugelfest gemacht haben sollten.

Zur Schießerei kam es nicht. Die Räuber konnten unbehelligt abziehen. Nicol List war aber der Aufenthalt in Ramsdorf endgültig verdorben. Er veräußerte sein Anwesen und ging nach Beutha zurück. Vom damaligen Pfarrer Johann Christian Neubert finden wir in einem Kirchenbuchfragment aus dieser Zeit folgende Eintragung: »Weil Nicol L., ein Häusler aus Beutha, eine Weibsperson, Namens Margarethe Göden, von Burgk bei Magdeburg, aus dem Kriege mit nach Hause gebracht, und selbige 2 Jahre anstatt eines Eheweibes gebraucht, endlich aber dieselbe wieder von sich jagen wollen... ist wegen gedachter Listens Tergiverasation (= Ausflüchte, die Ehe nicht einzugehen) ein Befehl von gnädiger Herrschaft an mich ergangen, alsbald ohne Verzug dieselbigen beider Personen zu copulieren ...«.

Nicol List muß dieser Heirat wenig Gutes abgerungen haben. Bei seinem Beichtvater Sigismund Hosmann beklagte er sich vor der

Der heutige Gasthof »Grüne Tanne« in Raum im Erzgebirge, einst bewirt-
schaftet von Nicol List und Treffpunkt von dessen Räuberbande.

Hinrichtung über den liederlichen Lebenswandel seiner Frau und
über die ungeratene Ehe.

Auch in Beutha sollte List keine Ruhe vor dem Gesindel finden,
das er mit seinem Umzug abzuschütteln geglaubt hatte. Als er unweit
von Beutha die Raumer Schenke, die heutige »Grüne Tanne«,
bewirtschaftete, fanden die dunklen Gestalten schnell wieder den
Weg zu ihm. Nicol List bemerkte bald, daß ihr Gewerbe einträglicher
war als das Seine, und so entschloß er sich, der Zunft beizutreten, die
immer nur erntete, ohne zu säen.

Von nun an führte List ein Doppelleben. Vor dem hellen Tages-
licht gab er sich als ehrbarer Gastwirt und Pferdehändler aus, den
eigentlichen Gewinn aber brachten seine dunklen Geschäfte, die
den Sonnenschein mieden.

46

Mit der Profession als Pferdehändler tarnte Nicol List sein tagelanges Ausbleiben, wenn er auf Raubzug war. Er spannte diesbezüglich seine Zirkel weit. Bis nach Halle, Gera und dem nahen Böhmen reichte in dieser Zeit sein Aktionsfeld.

Innerhalb seiner Bande nutzte List seinen klugen Kopf und seine handwerkliche Geschicklichkeit, die Besserem würdig gewesen wären. Er entwickelte sich zum Spezialisten in der Herstellung von Nachschlüsseln, so daß die Räuberbande den Einbruch im eigentlichen Sinne nicht nötig hatte, sondern in Ruhe und ohne großen Lärm die Türen auf- und nach getaner Arbeit ordentlich wieder zuschließen konnten.

Am 4. November 1694 bewies List mit einigen anderen Bandenmitgliedern in größerem Stil, wozu er fähig war. Der Leidtragende war Freiherr von Meusbach, der in seinem Schloß zu Braunsdorf im Fürstentum Zeitz bedeutende Reichtümer angehäuft hatte. Die Räuber benötigten zu ihrem Einbruch nicht einmal einen Nachschlüssel. Sie gelangten durch ein offenes Fenster an das Ziel ihrer Wünsche, nämlich in die Kammer, in der das freiherrliche Silber aufbewahrt wurde. Dort bedienten sie sich nach Herzenslust, indem sie neben einer goldenen, mit Diamanten und Smaragden besetzten Uhr alles Silbergeschirr mitnahmen. Der Wert des Diebesgutes wurde mit etwa 4 000 Talern berechnet. Reichlich 100 davon bekam Nicol List als Anteil. Geht man davon aus, daß die Räuber ihre Beute einigermaßen gleich, um nicht zu sagen gerecht, verteilten, so müssen an dem Einbruch immerhin stattliche 30 bis 40 Mann beteiligt gewesen sein.

Das Jahr darauf brachen List und seine Kumpane beim Floßverwalter zu Halle ein. Bei diesem fanden sie neben Geld und Pretiosen vor allem Ringe, Perlen und silbernes Tafelgeschirr. Mit solchen Aktivitäten, die mit Sicherheit nicht alle von der Justiz aufgeklärt wurden, vermehrte List seine Wohlhabenheit und mit dieser auch anfänglich seine Reputation im Ort. Lists Beziehungen zum Beuthaer Pfarrer waren beispielsweise nicht die schlechtesten. Bald aber wurden Stimmen hörbar, die an der Rechtschaffenheit des Pferdehändlers zweifelten. Es konnte auf die Dauer nicht verborgen bleiben, daß sein Haus stets offen war für allerhand dunkle Gestalten. Vorerst fehlten Beweise. Die Schönburgischen Gerichte zu Hartenstein begannen auf Nicol Lists Lebenswandel argwöhnische Blicke zu werfen.

Während der Osterfeiertage des Jahres 1696 wurde beim Pächter des Erblehngerichtes zu Kleinrückerswalde bei Annaberg eingebrochen. Die Diebe nahmen viele Kostbarkeiten mit, eine reiche Kollektion von Gold- und Silbersachen, Edelsteine, Perlen, elf Becher und 25 Ringe. Offensichtlich war die Bande beritten an- und abgereist. Man fand Hufspuren von fünf Pferden. Schnell wurde die Verfolgung aufgenommen. Die Spur führte an Annaberg vorbei, verlor sich aber schließlich im Geyerschen Wald.

Am nächsten Tag erfuhren die Behörden, daß der Pferdehändler Nicol List aus Beutha am Sonnabend vor Ostern mit vier Begleitern Richtung Annaberg geritten sei. Nun ergibt zwar eins plus vier fünf, ob allerdings die Pferdespuren mit dem Rechenexempel zusammenhingen, war vorerst nicht nachzuweisen. Das änderte sich, als ein ehemaliger Kriegskamerad Nicol Lists bei den Behörden vorstellig wurde und erklärte, er wäre vor kurzem mit List in einer Stollberger Gastwirtschaft Bier trinken gewesen, wobei dieser von den Schätzen des Kleinrückerswalder Pächters erzählt und ihn aufgefordert hätte, bei einem Einbruch mitzuhelfen.

Sofort wurden die Hartensteiner Gerichte davon benachrichtigt und gebeten, Nicol List zu verhaften. Nur zu gern war der dortige Amtmann bereit, dieser Bitte nachzukommen. In der Johannisnacht des Jahres 1696 umstellten 17 bewaffnete Hartensteiner Bürger unter Führung des Richters Johann Zechendörfer Lists Haus in Beutha.

Als jeder potentielle Fluchtweg besetzt war, drang Zechendörfer mit einigen Bürgern und dem Landsknecht, der den Polizeidienst wahrnahm, in das Haus ein. Nicol List lag im Bett und schlief. Unsanft wurde er geweckt und aufgefordert, sich für eine sofortige Reise ins Hartensteiner Verlies anzukleiden. Während der Räuberhauptmann nach Hemd und Hose suchte, gewann er Zeit, den ersten Schreck zu überwinden und klare Gedanken zu fassen. Anstatt ihn sofort in Ketten zu legen, ließen sich seine Häscher in einen heftigen Disput verwickeln. List forderte, den Weg nach Hartenstein beritten zurückzulegen. Als gedienter und in Schlachten erprobter Kavallerist war er sich gewiß, in der finsteren Nacht über Stock und Stein Besseres in der Reitkunst zu leisten als seine Begleiter. Warum sollte er das Ziel seines nächtlichen Ausrittes nicht selbst bestimmen? Landrichter Zechendörfer ahnte wohl, was List durch den Kopf ging. Deshalb lehnte er dessen Ansinnen kategorisch ab. Die Worte flogen hin und her. Sie wurden immer hitziger.

Schließlich schrie Nicol List in jähem Zorn, daß er den erst einmal sehen wolle, der ihm das Reiten verbiete. Dabei riß er eine Pistole von der Wand und feuerte sie ab. Der Schöppe Kneufler sank getroffen zu Boden. Der Räuberhauptmann nutzte die allgemeine Verwirrung, sprang die Treppe hinunter, schoß sich mit einer weiteren Kugel den Weg frei, schwang sich auf sein Pferd und jagte davon. Sein zweiter Schuß tötete den Hoffleischer Eckardt auf der Stelle. Kneufler starb an seiner schweren Verwundung nach einigen Stunden.

Während der verunglückten Aktion in Lists Schlafgemach sah Johann Zechendörfer nicht sonderlich gut aus. Augenzeugen behaupteten, der Landrichter habe sich beim ersten Schuß sofort »verloren«, was nichts anderes heißt, als daß er in aller Eile das Weite gesucht hatte.

Im Bericht, den Zechendörfer über die Ereignisse in Lists Haus schrieb, hört sich seine schnelle Flucht weniger unrühmlich an:»Da ergreift List, ehe ich es hindern kann, ein Pistol, das an der Wand hängt, springt auf mich zu, und als ich mich auf die Seite wende, gibt er Feuer, daß mir der Dampf in den Mund zieht und mir Hören und Sehen vergeht.

Ich taumele in größter Angst und Erschrecknis zur Stubentür hinaus und schreie nach Hilfe, da bin ich schon von dem Flüchtigen hinuntergestoßen worden.«

Nicol List hatte vor den Augen des Gerichtes zwei Menschen getötet, im Affekt zwar und in der Angst vor seiner Gefangennahme, aber der Schöppe Kneufler und der Hoffleischer Eckardt lebten nicht mehr. Damit war Nicol List im Verständnis der damaligen Justiz ein Mörder, für den es nur eine Strafe gab, den Tod durch Henkershand.

List war nicht der Mann, der bereit war, sich einem solchen Schicksal willenlos zu fügen. Vorerst versteckte er sich in der Nähe seines Heimatdorfes, um zu erspähen, wie sich die Dinge entwickelten. Bei einem solchen Streifzug etwa drei Wochen nach der Bluttat entlief ihm sein Pferd, das man in der Nähe von Oberdorf bei Stollberg einfing und als Eigentum des Räubers und Mörders erkannte.

Als Nicol List bemerkte, daß die Fahndung nach ihm mit aller Energie vorangetrieben wurde, verließ er Sachsen und ging nach Norddeutschland, nicht etwa, um ein neues Leben zu beginnen, sondern um nun endlich ohne gesellschaftliche Einbindung und Verpflichtung ein zügelloses Leben führen zu können, das seinesgleichen sucht.

Da die Hartensteiner Nicol List nicht habhaft werden konnten, hielten sie sich an seine Frau. Trotz schlimmer Folter leugnete die 36jährige Margarete List, etwas von den Untaten ihres Mannes gewußt zu haben. Im Gerichtsprotokoll steht: »Als sie der Scharfrichter angegriffen und nach Vorzeigung seiner peinlichen Instrumente ausgezogen, hat sie grausam lamentiert, vielfältig Gott zum Zeugen angerufen ... sie wüßte von nichts. Als ihr nun der Scharfrichter die Daumenstöcke angelegt und dieselben zugeschraubt, hat sie jämmerlich geschrieen ...«

Daß Margarete List wirklich nicht in die Geheimnisse ihres Mannes eingeweiht war, ist kaum wahrscheinlich. Aber sie überstand die Tortur. So kam sie im Dezember 1696 frei und verließ kurze Zeit darauf Beutha. Über ihr weiteres Schicksal ist nichts bekannt. Desto mehr sollte bald ihr angetrauter Gatte von sich reden machen, der als Dr. Johann Rudolph von der Mosel auf großem Fuße lebte, sich mit einem regelrechten Hofstaat umgab und eine Mätresse hielt, die sich Anna von Sien nannte, eigentlich aber Meier hieß.

Diese war ein rechtes Schandluder. So lange sie ihre überaus wirksamen weiblichen Reize einsetzen konnte, war sie dort, wo das Leben Überfluß im Müßigang bot. Nachgerade literarisch charakterisierte die Leipziger Polizei das Treiben der Anna von Sien, indem sie aktenkundig machte, daß das »Frauenzimmer immer zur Messe in der Stadt« gewesen, aber sonst wie »ein Perpetuum mobile im Lande herumgefegt« sei.

Als man das eigentliche Wesen des Moselschen Hofstaates erkannte und einsperrte, wer zu fassen war, kam auch für kurze Zeit Frau Meier alias von Sien in den Kerker, den sie zur Lotterhöhle machte, indem sie nicht nur Gefangene in der ihr eigenen Weise tröstete, sondern selbst ihren Kerkermeistern den Kopf verdrehte, daß es eine Art hatte.

Das »klein geschminkt Weiblein«, wie eine zeitgenössische Quelle Anna von Sien bezeichnet, kam entgegen sonstiger Justizpraxis bald frei, weil die Gerichte »das Interesse an ihr verloren« hätten. Vielleicht aber waren sie vom Treiben der Sien entnervt und froh, die Gefangene loszuwerden. Sie war ja ohnehin, gemessen an den anderen Kumpanen Nicol Lists, ein ganz kleiner Fisch.

Christian Müller   Christian Schwancke

Den Kern der Räuberbande müssen Sachsen gebildet haben.
Polizeiliche Befragungen über den Hofstaat des Dr. Johann Rudolph
von der Mosel ergaben, daß viele in der »Leipziger Sprache«, also
sächsisch geredet hätten.

Einer der bedeutendsten davon war Christian Müller aus Stolpen.
Er hatte sich oft als Soldat verdingt und ebenso oft den Dienst durch
Desertion quittiert. Die Liste seiner Untaten übertrifft diejenige von
Nicol List bei weitem.

Es wäre aber falsch, die Bande als eine sächsische anzusehen. Sie
setzte sich aus gut ausgebildeten, professionell agierenden Räubern
unterschiedlicher Gegenden zusammen. Wir finden unter ihnen zum
Beispiel den ehemaligen Matrosen Christian Schwancke aus Hamburg, den desertierten Soldaten Andreas Schwartze aus Weimar, den
Braun- und Honigkuchenbäcker Michael Kayser aus Wunstorf,
Andreas Lucy, genannt »Drachenstüber«, aus Frankenhausen, die
Gardereiter Jürgen Kramer und Christoph Pante. Letzterer war
»dem Saufen … fast ergeben, dabei er sich leicht entzürnte und
schrecklich fluchte«.

51

Jonas Meier   Christoph Pante

Aus Polen war der ehemalige Feldscher Samuel Löbel, genannt Schmuel, herangeeilt, um sich der Bande anzuschließen. Von ihm berichten die Akten: »Wie er noch unter den Gaudieben in seinem Wohlstand war, trug er eine schwarze Perücke, im linken Ohr eine Perle, einen lichtbraunen Rock nebst einer blauen damastenen Weste mit Gold bordiert, blaue Strümpfe, ein mit Silber beschlagenes spanisches Rohr und an demselben ein rotes Band mit goldenen Fransen. Er ritt ein schönes braunes Pferd.«

Eine gut organisierte Räuberbande stiehlt nicht nur, sondern sorgt umsichtig für den Absatz. Dafür waren die Hehler Meyer und Horschenck verantwortlich.

Die hier genannten Bandenmitglieder ragten in ihrer Skrupellosigkeit über ihre Kumpane hinaus, deren Liste eine sehr lange ist.

Herr Dr. Johann Rudolph von der Mosel und sein Hofstaat hatten alle Hände voll zu tun, die Finanzmittel für ihr glanzvolles Leben zu sichern. Die Räuber stahlen, was ihre langen Finger erreichen konnten. Ende September 1696 beraubten sie die Kirche von Hof. Der

Kramer   Hoscheneck

Beuteanteil für Nicol List betrug etwa 40 Taler. Es folgten Einbrüche
bei einem Goldschmied in Altenburg, bei einem Krämer in Arn-
stadt, beim Pfarrer von Schlettau bei Halle sowie in dem bei Magdeburg gelegenen Gommern. Dort drangen die Räuber in die Räume
des kurfürstlichen Amtes ein. Viel Geld erbeuteten sie nicht. List fielen 30 Taler zu.

Gemessen am Lebensstil der Bande war der erwirtschaftete
Gewinn, den die einzelnen Raubzüge erbrachten, ziemlich dürftig.
Deshalb handelten Nicol List und seine Genossen nahezu rastlos
und verschmähten selbst die geringste Beute nicht. So begnügten sie
sich Anfang 1697 mit einigen Pelzen, die sie bei einem Kürschner in
Allstedt in der Nähe von Jena erbeuteten. Der Erlös brachte jäm-
merliche 3 Taler pro Mann.

Im Frühling 1697 agierte die Bande in der Hallenser Gegend. Von
dort ging es nach Leipzig. Der Einbruch in die Studierstube des Professors Pfautz von der dortigen Universität brachte nichts als ein
Bündel Briefe. Die Räuber waren dem sich bis heute hartnäckig hal-

Samuel Löbel, genannt Schmuel   Andreas Schwartz

tenden Irrglauben aufgesessen, daß man mit wissenschaftlicher Arbeit zu Reichtümern gelangt.

Nicol Lists Geschäft kam durch solche Einbrüche nicht aus den roten Zahlen. Schließlich waren für jeden Raubzug Reisekosten und andere Spesen aufzubringen. Nach mehr oder weniger ärmlichen Einnahmen in Lindenau, Leipzig und Naumburg zog Dr. Johann Rudolph von der Mosel mit seinem Hofstaat nach Hamburg. Er erhoffte sich in der reichen Hansestadt endlich lohnenderen Gewinn.

Ein Hamburger Stadtsoldat hatte der Räuberbande von Reichtümern erzählt, die in einem Gewölbe des Doms lagern sollten. Es war von einem Kästchen voller Edelsteine, einem königlichen Schmuck sowie einer Tonne Gold die Rede. Obwohl der Stadtsoldat übertrieben hatte, war der Einbruch überaus lohnend. Die Räuber erbeuteten wertvolle Kruzifixe, Bilder, Kelche und Altarstücke.

Man möchte glauben, die Bande wäre nun in der Lage gewesen, sich etwas Ruhe zu gönnen. Aber befriedigte Bedürfnisse hecken

54

neue. Außerdem waren List und Genossen an Tätigkeit ohne Pause gewöhnt. Sofort folgte ein Einbruch in die Braunschweiger St.-Katharinen-Kirche. Dort hatte die Generalsfrau von Ehm im Glauben an die unbedingte Sicherheit des geheiligten Ortes Koffer mit Familienschätzen deponiert. Die Räuber kümmerten sich um die besondere Weihe des Ortes nicht und erbeuteten eine Reihe vergoldeter Säbel, viele Edelsteine, kostbare Gewänder und Bestecke.

Nicol Lists Geschäft prosperierte dermaßen, daß er ohne jeden Skrupel seinen frechen Blick auf ein Kleinod abendländischer Kunst und Religion von erstem Rang warf, auf die weltberühmte »Güldene Tafel« in der Klosterkirche St. Michaelis zu Lüneburg. Diese war ein Schrein, in dessen Fächern wertvolle Kostbarkeiten und Reliquien aufbewahrt wurden, die Kaiser Otto II. nach seinem Sieg über die Sarazenen als Beute nach Lüneburg gebracht haben soll.

Am 9. März 1698 begehrten Fremde, die »Güldene Tafel« zu besichtigen, was wie immer gern bewilligt wurde. Der Küster betrat mit ihnen die Kirche und öffnete das Schloß des Schreins, das sonderbar verklemmt war. Als der Küster die Türen aufschlug, bemerkte er voller Entsetzen, daß alle Kostbarkeiten fehlten. Gold- und Silbersachen sowie etwa 200 Edelsteine waren gestohlen.

Offenbar hatten die Räuber mit Nachschlüsseln gearbeitet, denn sowohl die mit Eisen beschlagene Kirchentür und das eiserne Gitter des Chores als auch der komplizierte Schloßmechanismus des Schreins wiesen keine größeren Schäden auf. In der Kirche fand man keine Spuren, die mit dem Raub in Zusammenhang gebracht werden konnten. Nicol List hatte mit der Herstellung der Schlüssel eine glänzende Probe seiner Fähigkeiten in der Feinmechanik abgelegt.

Zum Zeitpunkt der Entdeckung des Raubes wußten die Behörden von diesen Fähigkeiten des Dr. Johann Rudolph von der Mosel noch nichts. Die dreiste Plünderung der »Güldenen Tafel« sollte aber Anlaß zu energischer polizeilicher Untersuchung geben, die schließlich mit der Ergreifung und Aburteilung der Listschen Räuberbande endete.

Vorerst verschickte das Lüneburger Gericht Steckbriefe nach Hamburg, Stralsund, Bremen, Wismar und Rostock. Darüber hinaus verständigte es Juweliere und Goldschmiede, um eventuelle Ankäufe der geraubten Kostbarkeiten auszuschließen.

Die Goldene Tafel (1410 - 1418) der Michaeliskirche zu Lüneburg –
Innenseite des rechten Innenflügels. Als Nicol List mit seiner Bande 1698
versuchte, den Schrein zu rauben, wurden große Teile des Antependiums
(Altarvorsatz) aus dem Schrein herausgebrochen. Edelsteine, Perlen und
Gefäße aus Edelmetall wurden vom Altar abgerissen. Die Verluste am
Altar ließen sich nicht ersetzen. Er befindet sich jetzt in der Landesgalerie
Hannover.

Noch war aber Nicol List alias Dr. Johann Rudolph von der Mosel auf freiem Fuße und keinesfalls gewillt, in den Ruhestand zu treten, hielt es aber für angemessen, sein Tätigkeitsfeld auf die Provinz zu beschränken. Am 5. Mai 1698 brach er mit seiner Bande bei einer Witwe in Heldrungen ein. Die Beute betrug pro Kopf 18 Taler. Es folgten Einbrüche in Querfurth, Waldenburg und anderen kleinen Orten, in denen nicht viel zu holen war. Unbestreitbar geriet Nicol List zunehmend tiefer in die Krise.

In der Zwischenzeit zeitigten die behördlichen Anstrengungen Erfolg. Der Gastwirt der »Harburger Herberge« in Lüneburg, bei dem Dr. Johann Rudolph von der Mosel mit seinem Hofstaat genächtigt hatte, berichtete der Polizei von dem verdächtigen Treiben seiner Gäste. Bei der genauen Durchsuchung der Räume, die Dr. Mosel und seine Begleiter bewohnt hatten, glaubte man in den Ritzen des Fußbodens etwas Goldstaub entdeckt zu haben, den man mit der Beraubung der »Güldenen Tafel« in Verbindung brachte.

Von der »Harburger Herberge« führte die Spur zum ehemaligen Seemann Christian Schwancke, der sofort verhaftet wurde. Mit ihm hatte die Polizei ein Mitglied der Listschen Räuberbande in der Hand. Sie wußte es zu nutzen. Schon in den ersten Verhören verwickelte sich Schwancke in tiefe Widersprüche. Bald stellte es sich heraus, welchen Ausmaßes die Untaten der Bande waren, die man zu fangen hoffte. Die Räuber hatten weite Teile Deutschlands zum Felde ihrer Aktionen gemacht und sich damit zu Gaudieben qualifiziert, wie damals Räuber von nationaler Bedeutung bezeichnet wurden. Für Gaudiebe war nicht mehr das Lüneburger Gericht zuständig, sondern das der Residenzstadt Celle. Dort wurde Christian Schwancke am 23. Juli 1698 scharf befragt, das heißt, er wurde gefoltert.

Schwancke belastete die uns schon bekannten Haupträuber, vor allem aber Dr. Johann Rudolph von der Mosel. Nach und nach verhaftete die Polizei dessen Hofstaat. Er selbst war unauffindbar. Niemand ahnte, daß Nicol List längst ins Vogtland übergesiedelt und von dort aus ungebrochen aktiv war.

Aber er hatte den Zenit überschritten. Die Beute wurde ständig dürftiger, jeder Raubzug dagegen riskanter, da die Behörden das Land scharf observierten, um der Räuberplage Herr zu werden.

Nach einem Einbruch in Hof übernachteten Nicol List und

Der exemplarische Werdegang der Räuberbande des Nicol List:
»Gewonnen, zerronnen, gefangen, gehangen«. Die am Galgen
eingezeichnete Jahreszahl 1698 ist nicht korrekt. Die Exekutionen fanden
am 21. und 23. März 1699 statt.

Genossen dreist und unbekümmert in einem nahe gelegenen Wirtshaus. Dieser Leichtsinn wurde ihnen zum Verhängnis.

Bei der Verhaftung kam es zu einer Schießerei, in deren Folge

Lists Kumpane flüchteten. Er selbst erkannte wohl den Ernst der Lage nicht und nahm sich die Zeit, seine Jacke anzuziehen. Da waren die Häscher über ihm und schlugen ihn mit einem derben Prügel dreimal zu Boden, bis er endlich liegen blieb. Nicol List wußte, was die Stunde geschlagen hatte. Eine Flucht war aussichtslos, deshalb zog er blitzschnell sein Messer und versuchte, sich die Gurgel aufzuschneiden. Der Schnitt war nicht ungefährlich. List mußte später im Gefängnis längere Zeit behandelt werden, da die Speise durch die Wunde herausdrang.

Während Nicol List bereits im Hofer Gefängnis saß, suchten die Gerichte von Celle immer noch fieberhaft nach ihm. Erst Wochen später erfuhr ein Kommissar aus Celle, der in Leipzig recherchierte, daß man im Vogtland einen berüchtigten Räuber eingefangen habe, der wohl Nicol List sei. Daß Nicol List mit Dr. Johann von der Mosel identisch war, wußte man in Celle. Schwancke hatte unter der Folter gestanden, der Herr von der Mosel habe einmal gesagt: »Ich heiße Nicol List und bin auch listig.«

Sofort wurde eine Kommission von Celle abgeschickt, die feststellen sollte, ob der in Hof einsitzende Räuber tatsächlich Nicol List alias Dr. Johann Rudolph von der Mosel war. Das war leichter gedacht als getan. Es mußte erst ein Wirt aus Hannover herbeigeholt werden, bei dem Dr. von der Mosel übernachtet hatte. Der Wirt bestätigte die Identität.

Nun setzte ein großer Streit um Nicol Lists Person ein. Neben den Hofern, in deren Händen er war und die ihn auch gern gerichtet hätten, beanspruchten ihn die Schönburgische Herrschaft und die Lüneburger Regierung. Diese wollte, wie sie bemerkte, »ein solches lebendiges Lexikon und Aufschlagebuch der Diebe« in die Hand bekommen.

Der in Hof eingesperrte schönburgische Untertan List wurde schließlich der Lüneburger Regierung übergeben, weil er in Norddeutschland die schwersten Räubereien begangen hatte.

Die Überführung von Hof in das Celler Gefängnis, das sogenannte »Weiße Haus«, erfolgte mit peinlichster militärischer Sicherung und gestaltete sich zum Volksspektakel. Am Heiligen Abend des Jahres 1698 erreichte der Transport Leipzig. Es gab großen Zulauf. Man wollte den »Gaudieb« Nicol List im Käfig sehen. Die Leipziger hatten ihr weihnachtliches Gesprächsthema.

Der gefangene Nicol List.

Im Januar und Februar 1699 mußten die Folterknechte in Celle hart arbeiten. Zwar hatten sie mit Nicol List weniger zu tun, da sein Geständnis bereits vorlag und er schon in Hof zum Tode verurteilt worden war. Dafür hielten sie sich desto intensiver an die ebenfalls nach Celle gebrachten Räuber aus Lists Bande, vor allem an Schwartze, Pante, Kramer, Müller, Kayser, Lucy und Löbel.

Die eingestandenen Verbrechen waren Legion und bei weitem nicht alle mit dem Dienst in der Listschen Bande in Verbindung zu bringen. Jeder hatte gestohlen und geraubt, wann und wo er konnte.

Die Urteile fielen dementsprechend hart aus. Ihre Vollstreckung sollte demonstrativ abschreckend wirken. Die Exekutionen fanden am 21. und 23. März 1699 in Celle statt.

Es wurde gerädert, geköpft und gehenkt, wobei nicht alle Räuber Demut zeigten. Schwartze protestierte mit lauter Stimme, als ihn die Henkersknechte räderten. Mit dem Strick um den Hals stieß der Hehler Meyer gotteslästerliche Worte aus, bis sich die Schlinge zuzog und dem ein Ende setzte. Die Leiche wurde daraufhin vom Galgen genommen, zum Markt geschleppt und nochmals verurteilt. Der nunmehrige Richterspruch bestimmte, dem toten Meyer die Zunge aus dem Hals zu reißen, diese auf dem Markt öffentlich zu verbren-

Die Richtstätte in Celle
1 Kopf des enthaupteten Pante, 2 Kopf des enthaupteten Kramer,
3 Schafott, 4 der gerädete Schwanke, 5 der neben einem Hund an den
Füßen aufgehängte Meier, 6 der Kopf Nicol Lists, 7 der gerädete
Schwartz, 8 der gerädete Müller, 9 – 13 die am Galgen aufgehängten
Perrmann, Kayser, Lucy, Hoscheneck und Löbel, 14 der Pfahl, an dem
Nicol Lists Leichnam verbrannt wurde.

nen, seinen Körper erneut an den Galgen zu hängen, jetzt aber mit den Füßen nach oben und in Gemeinschaft mit einem Hund.

Die Vollstreckung des Urteils erfolgte sofort. Um solche Vorfälle auszuschließen, wurden die noch hinzurichtenden Delinquenten mit den Worten belehrt:»Wer lästert, dem wird die Zunge bei lebendigem Leibe herausgerissen, wer aber die Obrigkeit schmäht, der soll mit glühenden Zangen zerrissen werden.«

Auf seinem letzten Gang zeigte Nicol List Haltung, obwohl ihn eine grausame Todesstrafe erwartete. Mit acht kräftigen Schlägen zerschmetterte ihm der Henker erst von unten auf Beine und Arme, um ihm dann mit einem Beil den Kopf abzuschlagen.

Nicol Lists Körper wurde zu Asche verbrannt, sein Kopf auf einen Pfahl genagelt.

Obwohl Nicol List weitab von seinem sächsischen Heimatdorf Beutha starb, das er seit jener unglückseligen Johannisnacht im Jahre 1696 nicht mehr betreten hatte, war er dort keineswegs in Vergessenheit geraten. Auf der Suche nach Schätzen rissen noch im Herbst 1699 die Beuthaer Lists Haus ab, allerdings ohne etwas zu finden.

Nach der Hinrichtung des Räuberhauptmannes wurden dort drei Steine errichtet, die, heute noch erhalten und an die Kirchhofmauer umgesetzt, in der Kurzfassung von Leben, Untaten und vom Ende Nicol Lists berichten.

Zwei Kreuzsteine links und rechts sind dem Gedächtnis der 1696 getöteten Hartensteiner Bürger Eckardt und Kneufler gewidmet. Ein quadratischer Stein in der Mitte aber, nach Anordnung und Größe der wichtigste, erinnert an den wohl bedeutendsten Beuthaer Einwohner, dem selbst in der »Allgemeinen Deutschen Biographie«, der vor dem Ersten Weltkrieg erschienenen Sammlung von Lebensbeschreibungen großer Deutscher, ein bleibendes Denkmal gesetzt ist.

LITERATURHINWEISE:
Fürtreffliches Denck-Mahl der Göttlichen Regierung. Braunschweig und Hamburg 1700.
Rößler, H.: Nicol List, der Räuberhauptmann aus Beutha. In: Der Heimatfreund für die Kreise Stollberg... und das Erzgebirge. 10 (1965) und 11 (1966).

Der Räuberhauptmann Lips Tullian

Provinzielle Beschränktheit lag ihm fern. Als echtes Kind seiner Zeit trieb er seine illegale Profession zur höchsten Blüte, und sein Anspruch auf Größe, Einmaligkeit und Unermeßlichkeit bildete ein gegensätzliches Seitenstück zur Lebensart gekrönter Häupter. Durch rastlose Aktivität und weitgesteckten Wirkungskreis profilierte sich Lips Tullian zu einem Räuber von europäischem Format. Seine intensivste Geschäftigkeit entwickelte er jedoch im »Meißnischen«,wie damals ein großer Teil des südlichen Sachsens genannt wurde, so daß wir Lips Tullian neben Nicol List und Johannes Karraseck getrost als einen der größten Bandenoberhäupter Sachsens bezeichnen können.

Lips Tullian war sein Pseudonym, das allerdings in der Schreibweise verstümmelt auf uns gekommen ist. Selbst nannte er sich Lips dul Jahn. Vielleicht ist das mit »Philipp, der tolle Jahn«, respektive »der tolle Mensch« zu verdeutschen oder besser frei mit »Philipp der Tolle«, in Analogie zu den aus dem Niederländischen stammenden Begriffen »Janhagel« für Gesindel oder »Janmaat« für Seemann. Wie im folgenden noch deutlich wird, war Lips Tullian das Niederländische geläufiger als den kursächsischen Beamten, die seinen Namen aktenkundig machten und dabei orthographisch prägten. Diese kannten aber als humanistisch gebildete Leute »Tullianum«, die Vokabel für das römische Staatsgefängnis, und da Kerker und Räuber zwei zueinander passende Begriffe sind, schrieben sie mit bestem Gewissen »Lips Tullian«, wobei es bis zum heutigen Tag geblieben ist. Der richtige Name des Räuberhauptmanns bleibt im dunkeln. Bei seinem letzten Verhör nannte er sich Philipp Mengstein, kurz vor der Hinrichtung aber Elias Erasmus Schönknecht.

Johann Christian Hasche schreibt in seiner »Diplomatischen Geschichte Dresdens«, daß Lips Tullians Vater ein gewisser M.P. aus der Dresdner Parochie St. Annen war. Bewiesen ist weder das eine noch das andere, und so bleiben wir bei dem Pseudonym und wenden uns dem erstaunlich tatenreichen Leben Lips Tullians zu, der nach seinen eigenen Aussagen 1673 unweit von Straßburg geboren wurde. Sein Vater, Leutnant bei den Lothringischen Truppen, war

Lips Tullian, der sich zuletzt Elias Erasmus Schönknecht nannte.

Des sogenannten
Lips-Tullians
Ausführliche Bekäntniß
So wohl seiner, als auch aller
seiner bösen Conforten
Diebes=
und
Mord = Geschichte
Heraus gegeben
Von
M. S. R.

LEIPZIG,
Gedruckt und zu finden bey Joh. Heinrich König.
Anno 1715.

»Des sogenannten Lips Tullians ausführliche Bekenntnis«, 1715 in Leipzig
gedruckt, enthält eine komplette Aufstellung aller begangenen Straftaten.
Es wurde offensichtlich kurz nach der Hinrichtung Lips Tullians von einem
Augenzeugen an Hand der Akten angefertigt.

1683 im Kampf gegen die Türken vor Wien gefallen. Da Lips Tullian
in seiner Jugend nichts gelernt hatte, ging er in die spanischen Nie-
derlande und verdingte sich als Soldat. Nachdem er einen seiner
Kameraden im Duell schwer verletzt hatte, entfernte er sich aus
Angst vor den Folgen unerlaubt von der Truppe und floh nach Prag.
Dort geriet er in die Hände eines später in Preußen hingerichteten
Gauners, genannt »der kleine Fourier«, von dem Lips Tullian die

Von der Bande des Lips Tullian ausgeraubte Kirchen
Cölln bei Meißen. Hosterwitz bei Pillnitz.

Grundbegriffe seines künftigen Berufes erlernte. Er war ein gelehriger und talentierter Schüler. Neben unbedeutenden Delikten, die mehr zur Ausbildung dienten als daß sie Gewinn gebracht hätten,

66

half Lips Tullian immerhin schon mit, sechs Prager Kirchen zu berauben. Er stahl schließlich selbständig eine Monstranz und einen Kelch aus einer weiteren Kirche der Moldaustadt sowie verschiedene Pretiosen aus einem gräflichen Haus.

Das alles vollzog sich in der ersten Hälfte des Jahres 1702 und hob Lips Tullian in den Stand eines gelernten Räubers. Innerhalb seiner Zunft, möchte man sagen, trug es ihm die Freisprechung ein. Der frischgebackene Geselle ging nun auf Wanderschaft, und zwar zog es ihn nach Dresden, in die Residenz Augusts des Starken. Dort erhoffte sich Lips Tullian reiche Beute. Um in Dresden mit einer gewissen Reputation und im Besitz von Anfangskapital den Kontakt zur Unterwelt knüpfen zu können, bestahl Lips Tullian eine Kirche in Zittau sowie die Kirchen zu Cölln bei Meißen, Hosterwitz bei Pillnitz und Kaditz bei Dresden. Diese Einbrüche empfahlen ihn bei einem Zahnarzt sowie einem gewissen Unger, von denen er wertvolle Hinweise erhielt, wo etwas zu stehlen wäre.

Am 16. November 1702 gelang dann dem gut informierten Lips Tullian mit einer neu zusammengestellten Rotte ein Raubzug, der ihm die staunende Anerkennung der Dresdner Diebeszunft einbrachte. Am damals schon volkreichen Altmarkt stand das hochgräfliche Beichlingsche Haus, und in diesem wohnte der italienische Gesandte am kursächsischen Hof, der eine reiche Tafel hielt und nur auf reinem Silber servieren ließ. Lips Tullian hatte in Erfahrung gebracht, daß man das Silbergeschirr in einem unteren Gewölbe des Hauses gut gesichert aufbewahrte. Da vom Eingang am Altmarkt schwerlich unbemerkt ins Beichlingsche Haus einzudringen war, legte sich die Räuberbande einen privaten Hintereingang an, indem sie eine Mauer durchbrach und dergestalt direkt in das besagte Gewölbe gelangte. Die Beute war überwältigend: 60 Teller, 12 Assietten, zwei große, vier mittlere, acht kleine Schüsseln, sechs große und 12 kleinere Leuchter, Kessel und Trinkbecher sowie eine große Anzahl weiterer zu einer Tafelgarnitur gehörender Stücke, alles aus Silber, daneben mehrere Pretiosen aus Gold.

Für Lips Tullian war es dennoch ein Pyrrhussieg. Er sollte bald erfahren, daß Stehlen die eine Sache ist, das Diebesgut verkaufen aber eine andere. Aus begreiflichen Gründen ging das in Dresden nicht an, deshalb begab sich Lips Tullian mit dem Beuteanteil und einem seiner Kumpane nach Leipzig.

Christian Eckoldt   Samuel Schickel

Offensichtlich bevorzugen Räuber weniger tiefe Wälder und versteckte Höhlen, wie das in romantischen Geschichten vorkommt, sondern mehr große und reiche Städte. In Leipzig verhökerten die beiden Räuber ihre heiße Ware an den Juden Assor Marx oder vielmehr an dessen Frau, denn er selbst war zum Zeitpunkt des Verkaufs gerade außer Haus. Assor Marx schien entweder die ganze Angelegenheit zu dunkel und zu gefährlich, oder er war empört über den für ihn unakzeptablen Geschäftsabschluß, auf den sich seine Frau eingelassen hatte, wie Lips Tullian bei einem späteren Verhör angab. Assor Marx informierte jedenfalls die Behörden, und diese verhafteten am 21. November 1702 die beiden Räuber. Noch reichlich 10 Jahre später ärgerte sich Lips Tullian darüber, daß er bei seiner Verhaftung keine Hand zur Gegenwehr gerührt hatte.

Obwohl Lips Tullian gefoltert wurde, man bewarf seinen nackten Körper unter anderem mit brennendem Schwefel, leugnete er einen Diebstahl und behauptete, ihm wären des Nachts zwei unbekannte Männer begegnet, die bei seiner Annäherung das Weite gesucht und die Silber- und Goldwaren zurückgelassen hätten. Weit hergeholt

68

Johann Gottfried Sahrberg   Hans Wolf Heinrich Schöneck

war die Ausrede nicht, und da Lips Tullian fest bei dieser Version
blieb, ließen es die Leipziger Behörden dabei bewenden und schickten ihn nach Dresden auf den Festungsbau. Lange blieb Lips Tullian
allerdings nicht in Kerkerhaft. Schon kurz nach der Einlieferung
gelang es ihm mit einigen weiteren Gefangenen, die Wachen zu über-
listen und den unwirtlichen Ort eilig zu verlassen.

Von nun an legte Lips Tullian eine räuberische Tatkraft an den
Tag, die seinesgleichen sucht. Schnell war der Kontakt zu seinen
Kumpanen wiederhergestellt, über die er teils durch seine besondere
Befähigung zum Rauben, teils mit einem gewissen Terror bald die
Vorherrschaft errang. Die Rotte war dabei lose organisiert. Vieles
wurde zwar gemeinschaftlich ausgeführt, aber die personelle
Zusammensetzung wechselte von Einbruch zu Einbruch, und
Alleingänge zur individuellen Bereicherung waren nicht ausge-
schlossen.

Vor allem Kirchen und Pfarrämter wurden von den Räubern gern
heimgesucht, einmal weil dort wohl am meisten zu holen war, und
zum anderen boten sie in der Nacht die beste Ruhe zum ungestörten

Arbeiten. Am 11. November 1703 beraubten die Räuber die Kirche zu Schmiedeberg bei Dippoldiswalde, in derselben Nacht die zu Höckendorf. Dort erbeuteten sie 26 Taler und sieben Groschen. Der 2. März 1703 sah die Räuber in der Pretschendorfer Kirche. Ein knappes Jahr später wurde die Kirche in Rabenau erbrochen. Die Beute betrug 30 Taler. Die Possendorfer Kirche erlitt ein ähnliches Schicksal. Dazwischen spannte Lips Tullian seine Zirkel weiter und raubte die Kirchen in Belgern, Strehla, Altenburg sowie in einem ungenannten Dorf bei Jena aus, des weiteren das Kloster zu Halberstadt. Der Pfarrer von Großbothen blieb ebenso unverschont wie Major Langen in Dresden und Hofrat Kochen in Halberstadt. Lips Tullian ließ selbst die kleinste Beute nicht aus. Er überfiel auf der Straße eine Witwe aus Jena sowie eine Bauersfrau aus Ballenstedt. Die Liste ließe sich fortsetzen.

Nicht jedes Unternehmen war von Erfolg gekrönt. Versuche, eine Prager sowie eine Freiberger Kirche zu berauben, mißglückten, ebenso der Einbruch beim Herrn von Hartitzsch zu Colmnitz, über den Lips Tullian erfahren hatte, daß er 8000 Taler in bar in seinem

Der Dresdner Altmarkt um 1845. Stich von J. G. A. Richter. – Hier verübte Lips Lullian am 16. November 1702 einen spektakulären Einbruch ins Beichlingsche Haus. Wo sich dieses befand, ist noch nicht ermittelt worden.

Haus aufbewahrte. In der Adventszeit des Jahres 1704 öffnete die Bande des Nachts mit Brechstangen gewaltsam das Haus und in diesem fünf Zimmer. Der Besitzer erwachte durch den Lärm, so daß die Räuber unverrichteterdinge den Rückzug antraten. Trotzdem nahmen sie mit, was greifbar war, und so »musten sie dismahl mit einem gebratenen Huhn und anderen Victualien, nebst dem Küchenzinn, ingleichen ein paar Pistolen, einem alten Peltz, und was dergleichen mehr gewesen vorlieb nehmen«, wie uns ein zeitgenössischer Bericht über den Diebstahl mit gewolltem oder ungewolltem Humor vermeldet.

In seiner Tollheit getraute sich Lips Tullian wieder nach Leipzig, obwohl ihn die dortigen Behörden noch nicht vergessen hatten, was sie dann auch am 5. Januar 1705 mit der Verhaftung des Räuberhauptmannes deutlich dokumentieren. Nach gründlichen Verhören, die nichts erbrachten, weil Lips Tullian keinen Grund sah, seine Untaten aller Welt darzulegen und weil er offensichtlich die Schmerzen der Folter standhaft ertrug, wurde er am 10. Januar 1705 in das Leipziger Ratszuchthaus eingeliefert. Der damaligen Sitte in den Zuchthäusern entsprechend, empfing er erstmal den »Willkommen«. Der Begriff ist ironisierend dem Sprachgebrauch der Handwerkerzünfte entlehnt, die ihre Gäste zur Begrüßung mit einem kräftigen Schluck traktierten. In den Zuchthäusern wurden die Neuzugänge auch traktiert, aber nicht mit dem Begrüßungstrunk, sondern mit einer gehörigen Tracht Prügel. Die psychischen Folgen waren berechnet: Dem Häftling sollte von vornherein jeder Wille gebrochen werden.

Lips Tullian wurde von nun an zu härtester körperlicher Arbeit angetrieben. Mit ihm hatten die kursächsischen Behörden durchaus den Richtigen in ihren Händen, aber bewiesen werden konnte ihm damals noch nichts. Trotzdem mußte er ohne Urteil auf unbestimmte Zeit hart fronen. Deshalb darf gefragt werden, wieviel Unschuldige unter der damaligen Justizpraxis wohl litten. Wie es Lips Tullian seinerzeit erging, wissen wir aus einer Akte, die anläßlich eines anderen Deliktes angelegt wurde.

Während der unfreiwilligen Abwesenheit Lips Tullians stellte seine Bande keineswegs ihr räuberisches Geschäft ein. Das erfuhren bald die Pfarrer zu Colmnitz und Tharandt. Letzterer hatte sich am 22. März 1708 mit seiner Frau gegen 10 Uhr abends zur Ruhe gelegt.

Das Leipziger Alte Rathaus, in dem sich das Ratszuchthaus befand. Hier war Lips Tullian 5 Jahre in Haft. – Die Abbildung zeigt das 1556 erbaute Rathaus nach der Renovierung 1672.

Zu mitternächtlicher Stunde flog die Tür auf. Zwei große vermummte Männer in braunen Kleidern drangen in des Pfarrers Schlafstube ein und verschnürten diesen samt Bettdecke zu einem hilflosen Paket. Die Räuber zogen ihrem Opfer die Ringe vom Finger und nahmen die erkleckliche Summe von 4000 Gulden mit.

Am 31. August 1709 wurde der Richter Klipffel aus Burgk, dem heutigen Ortsteil von Freital, bei einem Schläfchen auf der Ofenbank überrascht. Die Räuber bemächtigten sich seiner, und ehe der Richter wußte, was ihm geschah, fand er sich im Keller eingesperrt. In der Zwischenzeit entfernten sich die Räuber mit seiner Barschaft von mehr als 100 Talern. Im Schloß Wilsdruff erbeuteten Lips Tullians Kumpane am 11. Dezember 1709 25 Taler und sechs Groschen, sechs Hosen, kupferne Kessel und 10 Kannen sowie etliche Pfund Butter für das tägliche Brot. Auch diese Aufzählung der Untaten ist nur ausschnitthaft.

Lips Tullian bewies nach fünfjähriger Gefangenschaft im Leipziger Ratszuchthaus, daß ihn verschlossene Türen nicht daran hinderten, durch diese entweder in die Häuser hinein- oder bei Notwendigkeit auch hinauszugelangen. Er beherrschte Ein- und Ausbruch gleichermaßen. Am 1. Januar des Jahres 1710 stahl er nichts weniger als den Zuchthausschlüssel und verließ mit sieben anderen Häftlingen während der Neujahrsmesse das böse Haus durch den Haupteingang. Die Bande floh über Colditz und Freiberg nach Niederbobritzsch, wo sie bei Michael Schmied, dem sogenannten »kleinen Hehler«, Unterschlupf fand. Nachts schliefen die Räuber in dessen Heuschuppen. Tagsüber trieben sie in der näheren und weiteren Umgebung von Niederbobritzsch ziemlich offen ihr Unwesen. An diese Zeit erinnert noch heute der Lips-Tullian-Felsen zwischen Colmnitz, Naundorf und Niederbobritzsch im Tharandter Wald. Daß die Räuberbande dort ihr Versteck gehabt haben soll, gehört sicher ins Reich der Sage. Bestenfalls legten sie am Felsen eine Filiale an, die von ihrem Niederbobritzscher Standquartier aus leicht zu erreichen war.

Am 20. Februar 1710 plünderte Lips Tullian mit seiner Bande die Altenberger Kirche aus. Die Räuber beraubten in Tuttendorf bei

Von den 24 verhafteten Bandenmitgliedern zeigten neun Reue, unter ihnen Lips Tullian. Sie gestanden ihre Untaten, ohne daß die Folter angewandt werden mußte, wie der Chronist mitteilt:

Diese haben sich zu Gott gewendet und
ohne Tortur ihr Bekenntnis getan.

> Wir Neune haben uns begeben
> Der Welt und aller Eitelkeit,
> Die Buße bringt ein ewiges Leben,
> Verstockung schadet allezeit,

> > Wir denken, daß man als ein Christ,
> > Zur Bosheit nicht geboren ist.

Freiberg den Pfarrer sowie den Schnapsbrenner Jakob Hähnel, den sie brutal zusammenschlugen und um 40 Taler erleichterten. Der Pfarrer zu Höckendorf, Magister Matthäus Gottfried Pflug, war am 10. April 1710 der Nächste, der Bekanntschaft mit den Räubern machte.

Die Mühle Nicol Günthers in Rechenberg war ebenso Ziel der Bande wie das Haus des Butterhändlers George Claußnitzer in Hermsdorf. »Und weil derselbe zu seinem guten Glück abwesend war, so machten sich Tullian und seine Diebs-Gesellen Anfangs auf den Boden, in die Kammer, erbrachen daselbst eine Lade, und nahmen das Geld heraus, giengen hierauff herunter in die Stube, und weil sie Claußnitzers Tochter und Magd in der Stube liegende antrafen, brachten sie dieselben in die Stuben-Cammer, allwo sie dieselben versperret, und erbrachen nachgehends ein Tisch-Kasten, theilten sich so gleich in das Geld, und giengen ihrer Wege fort.« Insgesamt nahmen sie 310 Taler und sechs Schock Ellen Leinewand mit. Das war eine ansehnliche Beute, von der sich längere Zeit gut leben ließ.

Aber Lips Tullian gönnte sich und seinen Kumpanen keine Rast. Am 24. August 1710 brachen die Räuber bei Gewitter in die Kirche zu Glashütte ein, und schon zwei Tage später überfielen sie in Röthenbach den Leineweber Elias Rudolph, richteten ihn übel zu, hängten ihn an den Armen auf und nahmen ihm vor seinen Augen den spärlichen Besitz.

Die Zeiten, in denen Lips Tullian wie in dem Beichlingschen Hause nur die Creme der Gesellschaft beraubt hatte, waren Vergangenheit. Jetzt stahl und raubte er, wo er nur konnte. Nichts war vor ihm sicher. Alles, was nicht niet- und nagelfest war, nahm er mit. Und dabei ließ es ihn völlig kalt, wen er beraubte, den Grafen oder den Leineweber, den Offizier, die Kirche und den Pfarrer oder die Bauersfrau. Er verkörperte den Typ des skrupellosen Räubers, der allerdings sein Handwerk beherrschte und dessen Taten oder besser Untaten wir heute trotz historischem Abstand doch nicht ohne Schaudern gedenken.

Die Ehre, in den Rang eines »edlen Räubers« erhoben zu werden, ist Lips Tullian zu recht nie zuteil geworden. Er stand im Urteil des sächsischen Volkes, gewiß ob seiner Skrupellosigkeit, stets hart neben dem Teufel.

Blick auf Freiberg, wo Lips Tullian am 19. Septembner 1710 verhaftet wurde. Foto von 1936.

Kein Fuchs jagt ungestraft auf Dauer in der Nähe seines Baues. Das mußte im Jahre 1710 auch Lips Tullian begriffen haben, denn er beschloß, Sachsen den Rücken zu kehren und nach Frankreich auszuwandern. Vielleicht wollte er sich um eine Stelle in der Räuberbande des Louis Dominique Cartouche bewerben, die den Umkreis von Paris in Schrecken versetzte und ihren Feinden Todesurteile zuschickte, die mit Sicherheit bald genug vollstreckt wurden. Einem Mord war Lips Tullian bisher aus dem Wege gegangen. Diesbezüglich konnte er sich Cartouche gegenüber nicht ausweisen. Ob Lips Tullian von den Praktiken des bekannten französischen Räuberhauptmannes Kunde hatte, wissen wir nicht. Eigenartigerweise plante er aber vor seinem Verschwinden ein Vorhaben, das ihn bei Cartouche bestens empfohlen haben würde.

Bevor Lips Tullian Sachsen verlassen wollte, hatte er noch eine Rechnung zu begleichen. Der Groll über seine Behandlung im Leipziger Ratszuchthaus sowie über Assor Marx, dessen Denunziation zu seiner ersten Verhaftung geführt hatte, war nicht überwunden. Er beschloß deshalb, als Rache den Schlüssel des Leipziger Ratszuchthauses zu stehlen, worin er ja bereits geübt war, und alle Gefangenen in die Freiheit zu entlassen. Als Krönung dieses schon mehr als unverschämten Streiches plante Lips Tullian die Hinrichtung von

Assor Marx, indem er ihn vor das Grimmaische Tor der Messestadt locken wollte, um ihn am dortigen Galgen aufzuhängen.

Der Weg zur Ausführung dieses Planes führte Lips Tullian über den Richtplatz von Mügeln. Dort stieß er mit dem Fuß an ein im Gras liegendes Rad, mit dem man seinesgleichen vom Leben zum Tode zu befördern pflegte. Der Räuberhauptmann erschrak darüber dermaßen, daß er sein furchtbares Vorhaben aufgab und umkehrte. Warum er nicht gleich an Leipzig vorbei nach Frankreich ging, bleibt im dunkeln. Lips Tullian begab sich jedenfalls wieder in die Freiberger Gegend, wo seiner Tätigkeit endgültig ein Ende gesetzt wurde.

Am 19. September 1710 rastete er vor den Toren Freibergs und gab sich poetischen Gedanken hin. Lips Tullian betrachtete den Himmel und die Wolken, die in bestaunenswertem Formenspiel über das Land hinwegzogen. Das war ihm Anlaß, über sich und seine Lebensweise nachzudenken. Eine Otter im Heidekraut beobachtete hingegen ihn. Als Lips Tullian dieser gewahr wurde, fiel alle Poesie von ihm ab, und der Aberglaube bemächtigte sich seiner. Neben ihm lag die Schlange, die Verführerin Adams und Evas, der Satan gar. Voller Entsetzen sprang Lips Tullian auf und hieb der Otter mit seinem Degen den Kopf ab. Noch im Sterben züngelte die Schlange ihn an. Dieses Bild beschäftigte Lips Tullian bis an sein Ende.

Souveränes Auftreten, auch das eines Räuberhauptmannes, muß gepaart sein mit Entscheidungssicherheit. Diese aber hatte Lips Tullian offensichtlich verloren. Und so beging er gleich zwei folgenschwere Fehler. Der erste war sein Entschluß, ohne Legitimation durch ein scharf bewachtes Tor in die Stadt Freiberg zu gelangen. Wie zu erwarten, wurde er von einem Buchbinder angehalten, der gerade als Paßexaminator Dienst am Tor hatte. Statt mit einer Ausrede den Rückzug anzutreten, war der zweite Fehler Lips Tullians, daß er Einlaß unter dem Vorwand begehrte, einen Hauptmann in der Stadt besuchen zu wollen, den es dort gar nicht gab. Der Buchbinder heftete sich Lips Tullian an die Fersen, und bald trat der Schwindel zutage. Es entspann sich ein heftiger Wortwechsel, der Aufsehen erregte und Zuschauer anlockte. In die Enge getrieben, zog der Räuberhauptmann seinen Degen und stach den Buchbinder nieder. Diese Verzweiflungstat nützte nichts. Die Freiberger Bürger überwältigten Lips Tullian und sperrten ihn ein.

Lips Tullian im Kerker, an Hals, Händen und Füßen festgeschmiedet.

Die Freiberger ahnten wohl, welchen Vogel sie da gefangen hatten, denn schon am 14. November 1711 brachten sie Lips Tullian in den Festungsbau nach Dresden. Dort wollten die Behörden mehr von ihm wissen, als ihnen bisher bekannt war. Vor allem interessierte seine Identität, zumal eine diesbezügliche Weisung Augusts des Starken vorlag: »Ihr wollet auch wider offt besagten Lips Tullian, deme ihr, daß er seinen rechten Nahmen entdecken solle, noch weiter beweglich zuzureden habet, die angefangene Inquisition bestmöglich und gebührend, Euern hierbey bißhero rühmlich-erzeigten Fleiße und Eyffer nach, samt und sonders ferner fortsetzen.«

Vorerst war aus Lips Tullian nichts herauszubringen. Diesem gelang es sogar, mit der Außenwelt Kontakt aufzunehmen, indem er Kassiber an den Hehler Michael Schmied aus Niederbobritzsch schickte. Die Behörden bekamen bald davon Kunde, unternahmen jedoch vorerst nichts anderes, als Lips Tullians Briefe abzuschreiben und die ganze Angelegenheit zu beobachten. In der Zwischenzeit war der Räuberhauptmann unbemerkt anderweitig aktiv. Er hatte sich mit Brechstange, Meißel und Feile Werkzeuge besorgt, die Zuchthausverwaltungen nicht gern in den Händen ihrer Gefangenen sehen. Derartig ausgerüstet, wollte Lips Tullian die Festungsmauer unterhöhlen und sich so einen privaten Ausgang anlegen. Als er zufällig dabei ertappt wurde – welche Zustände müssen in den kursächsischen Gefängnissen geherrscht haben – war er schon ziemlich weit. Um solches ein für allemal zu verhindern, reagierte die Festungsverwaltung mit aller Brutalität und ließ Lips Tullian eng in Eisen schmieden, und zwar die Hände auf dem Rücken, Hals und Füße an die Kerkermauer. Dergestalt konnte sich Lips Tullian nicht regen. Nach 26 Tagen, längst lief Eiter aus wundgescheuerten Stellen an Hals, Hand und Fuß, brach der psychische Widerstand des Räuberhauptmannes zusammen. Bei der Gegenüberstellung mit Michael Schmied und dessen Frau gestand Lips Tullian seine Untaten ein und nannte seine Komplizen.

Aufschlußreich ist die Bemerkung der Justizorgane, Lips Tullian hätte freiwillig und nicht unter der Folter gestanden. Wenn 26 lange Tage und 26 lange Nächte ohne Bewegungsmöglichkeit, die kalte Mauer im Rücken und kein Ende der Marter vor Augen, nicht zur Folter gerechnet wurden, wie mußte diese dann ausgesehen haben!

Nun griffen die kursächsischen Behörden zu und verhafteten 60 Räuber, deren Namen aktenkundig sind. Ihr Klang trägt teilweise abenteuerlichen Charakter, wie Bautz, Gölbern, Revionnigen, Fichel, Waude, Drilau. Neben Lips Tullian hatten sich Johann Gottfried Sahrberg, Christian Eckold, Hanns Wolff, Heinrich Schöneck

Ein gutes Jahrzehnt nach Lips Tullians Aufenthalt im Leipziger Ratszuchthaus beschloß in dessen Mauern ein nicht weniger berüchtigter Übeltäter
sein Dasein, der unter dem Spitznamen Mausedavid agierende Johann
David Wagner. Sein Betätigungsfeld war nicht das gebirgige Grenzgebiet,
sondern Leipzig und das umliegende Flachland. Er wurde 1721 hingerichtet. Der Titelkupfer seiner 1722 erschienen Lebensbeschreibung »eines
verstockten Diebes und Kirchenräubers« zeigt ihn in seiner Kerkerzelle
und nach der Hinrichtung.

sowie Samuel Schickel, ein Kleinbauer und Fuhrmann aus Schönfeld im Amt Frauenstein, besonders hervorgetan. In ihnen sahen die Behörden die Haupträuber und bezeichneten sie auch so.

Lips Tullian hatte während der Untersuchungen mit seinem Leben abgeschlossen und zeigte nur noch Interesse an einer milden Todesstrafe. Gerichtsverhandlungen im heutigen Sinne gab es damals nicht. Die Akten wurden an einen kursächsischen Schöppenstuhl geschickt, der das Strafmaß festlegte, das vom Landesherrn modifiziert werden konnte. Für Lips Tullian und seine Bande fällte der Leipziger Schöppenstuhl recht differenzierte Urteile. Sie reichten von Staupenschlag und Landverweisung bis zu Todesstrafen durch Strick, Schwert oder Rad. Lips Tullian sollte »von wegen seiner begangenen und bekannten Verbrechen mit den Rade vom Leben zum Tode bestraft werden«, schrieben die Leipziger Schöppen. Das war die härteste Todesstrafe, die man damals in Kursachsen zur Hand hatte. Lips Tullian bat August den Starken um Milderung. Dieser fühlte vielleicht die barocke Größe des Räuberhauptmannes, die nur in einer seitenverkehrten Weise mit seiner eigenen Größe verwandt war. Er milderte das Urteil und ordnete die Hinrichtung Lips Tullians durch das Schwert an.

Am 8. März 1715 erfolgte auf der Richtstätte vor dem Schwarzen Tor Altendresdens, der heutigen Neustadt, der Auftakt zur Vollstreckung der Todesstrafen mit den Hinrichtungen der fünf Haupträuber. Ein zeitgenössischer Bericht darüber nennt 20 000 Zuschauer, die sich dieses Schauspiel nicht entgehen lassen wollten. Man zählte ferner 124 Kutschen und 300 Pferde. Die Massen waren aus der näheren und weiteren Umgebung herbeigeeilt. Noch gab es keinen Kriminalfilm.

Im Zeitalter des Barock wurden für große Feste genaue Ablaufpläne erarbeitet, so auch für die Aburteilung der Räuber. Die Regie sah vor, mit der Hinrichtung Schönecks zu beginnen. Er hatte im Verhältnis zu seinen anderen vier Kumpanen das wenigste auf dem Kerbholz. Dann folgten nacheinander, der Schwere ihrer Straftaten entsprechend, Eckold, Schickel und Sahrberg. Lips Tullian mußte zusehen, wie die Köpfe fielen. Dann schleppten die Henkersknechte auch ihn zum Richtplatz. Die Körper der fünf Räuber wurden »den anderen zur Abscheu« auf Räder geflochten.

Noch im Tode erfuhr Lips Tullian eigenartige Ehre, indem man für ihn ein Rad hatte, das »2 Ellen höher, als die anderen, zubereitet war, um der Nachwelt anzuzeigen, daß er viel und mehr als die anderen gesündiget, auch ein Vorgänger und Führer der anderen vielmahl gewesen«. Das war Differenzierung bis in das bittere Ende hinein.

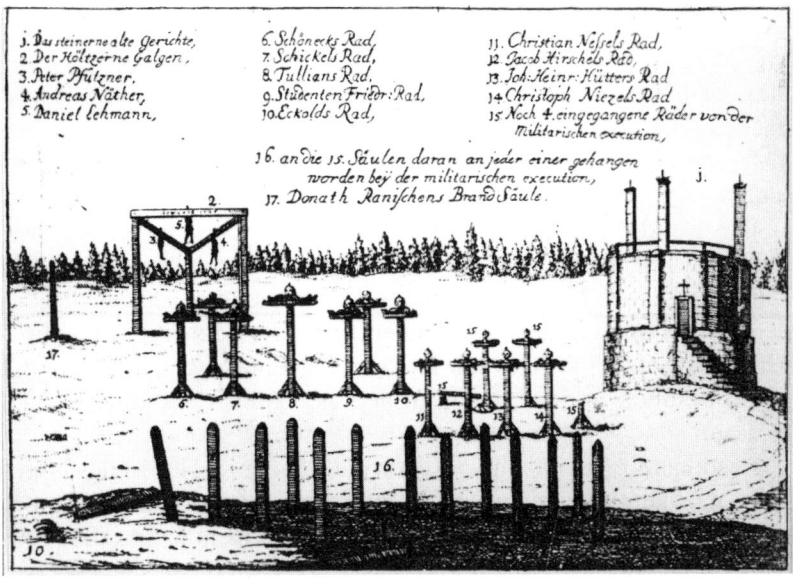

Das Ende der Bande des Lips Tullian nach den Hinrichtungen am 8. März 1715. Die Richtstätte befindet sich auf dem Gelände des späteren Dresdner Alaunplatzes.

LITERATURHINWEIS:
Des bekannten Diebes, Mörders und Räubers Lips Tullians, und seiner Complicen Leben und Übeltaten ..., Dresden 1716.

Die Räuberbande des dürren Schneiders

Als Ende Januar 1755 der kurfürstlich-sächsische Sonderkommissar Zahn in Marienberg eintraf, wußte er, daß er einen schwierigen Auftrag zu erfüllen hatte. Er reiste in geheimer Mission und war mit weitreichenden Vollmachten ausgestattet, die ihm die Lösung seiner Aufgabe erleichtern sollten. Aber er hatte nach einer Räuberbande zu fahnden, die fortwährend und zu jeder Tageszeit das Erzgebirge terrorisierte, aber dennoch unauffindbar schien.

Die Bande hatte »die allergrausamsten Einbrüche zu begehen sich nicht gescheuet, und in dasiger Gegend beynahe kein Dorf und keine Stadt noch Mühle verschonet. Ja, sie sind in die einzeln liegenden Häuser noch zu der Zeit gefallen, wenn die Leute ihr Abendbrot gegessen, welches sie von den Tischen weggenommen, die Leute um alles beraubet, und gebunden in den elendsten Umständen liegen gelassen.«

Besondere Aktivität entwickelten die Räuber im Herbst des Jahres 1754, nachdem im vorangegangenen Sommer zur Liquidierung der Bande eine kostspielige Expedition unter dem Kommando des Amtmannes von Meißen, Kammerrat Weise, erfolglos das gesamte Erzgebirge durchkämmt hatte. Nicht ein einziger Räuber war gefaßt worden.

Nun nahm der sächsische Premierminister, Graf Heinrich von Brühl, die Sache selbst in die Hand. Er kannte Zahn als tüchtigen, intelligenten und vor allem energischen Mann, befahl ihn zu sich und erteilte ihm den genannten Auftrag. Brühl sicherte Zahn uneingeschränkte Benutzungsmöglichkeiten der Unterbehörden und militärischen Dienststellen zu, gab ihm zwei Begleiter sowie 300 Taler Vorschuß. Schließlich versprach Brühl hohe Gnadenbeweise, sollte der Auftrag erfüllt werden.

Streng untersagt wurde Zahn, nach Meißen in die Strafanstalt zu gehen und die dort einsitzenden Diebe auszuforschen. Das Verbot erteilte Brühl, weil Kammerrat Weise in Meißen offensichtlich falsche Auskunft erhalten hatte und deshalb ins Leere gelaufen war.

Zahn ging sofort pflichtbewußt an die Arbeit: »Nur mit einem guten Muthe, 300 Thlr. so ich zur Bestreitung der vorfallenden

Chemnitz. Postkarte von 1931.

Kosten erhielt, reiste ich in Gesellschaft zweier Landknechte nach dem Gebirge zu.«

Da ihm jede Nachricht über den Verbleib der dingfest zu machenden Räuber fehlte, versuchte er zuerst routinemäßig in den einschlägigen Zuchthäusern Sachsens Erkundungen einzuziehen. Er begab sich nach Waldheim, bereiste die Ämter Leisnig, Colditz, Rochlitz und Penig – ohne Ergebnis. Er stieß auf eine Mauer aus Verschwiegenheit und Ahnungslosigkeit. Ausgang des Jahres 1755 traf Zahn im Amt Chemnitz ein. Hier schienen seine Bemühungen endlich Früchte zu tragen. Er wurde auf eine inhaftierte Landstreicherin aufmerksam gemacht, die in den einschlägigen Kreisen unter dem Namen »Geiersche Hanne« bekannt war.

Zahn fühlte sofort, daß er auf eine heiße Spur gestoßen war, denn wer außerhalb der Gesellschaft steht und wer ob seines erbarmungswürdigen Daseins von Ort zu Ort getrieben wird, hat am ehesten Beziehungen zur Unterwelt. Zahn verhörte die »Geiersche Hanne« mit »vielen Bemühungen«, wie er schreibt. Wahrscheinlich ließ er sie foltern, denn wenn er nicht zu diesem letzten Mittel der Befragung greifen mußte, führte er das in seinem Bericht, den er später Brühl vorlegte, minutiös und mit Stolz aus. Immerhin war im Kurfürstentum Sachsen die Tortur bis 1770 erlaubt.

Die »Geiersche Hanne« gab an, daß ein berüchtigter Räuber und Dieb, der sogenannte »stottrigte Hanns Jörge«, Kopf einer Senftenberger Räuberbande, sich in Wittgensdorf häuslich niedergelassen hätte. Das Haus wurde umstellt, Hanns Jörge verhaftet und in Senftenberg gerädert.

Schloß Wolkenstein. Radierung von Adrian Ludwig Richter, 1839.

Zahn begriff bald, daß er zwar einen großen Fisch gefangen hatte, aber nicht jenen, den er haben wollte. Von seiner Räuberbande fehlte nach wie vor jede Kunde, obwohl Zahn bis ins Schönburgische recherchierte.

Besonders schwer war das Amt Wolkenstein von der Bande heimgesucht worden. Deshalb bezog Zahn, wie wir bereits wissen, im nahegelegenen Marienberg sein Hauptquartier.

Inzwischen war hoher Schnee gefallen, und der starke Frost konnte eine Reise im Schlitten zur Strapaze werden lassen. Trotzdem ging Zahn mit bestaunenswerter Energie zu Werke. So sahen ihn die letzten Tage des Januars 1755 bei der Bewältigung wirklich anstrengender kriminalistischer Kleinarbeit. Er bereiste mit seinen beiden Begleitern inkognito fast sämtliche Schänken und Herbergen des

Amtes Wolkenstein. Daß daraus wahrhaftig keine weinselige Zech-
fahrt werden sollte, erfuhr bald einer der Gehilfen, der sich beide
Füße erfror und zurück nach Marienberg mußte. Auch Zahn war
schon ganz krank vor Kälte und wünschte sich nach Hause.

Aber bis jetzt war der Auftrag nicht erfüllt, und so mußten Zahn

Marienberg im Jahre 1591.

und sein Helfer noch manche Unbill erleiden. Als sie einmal in
einem Wirtshaus in der Nähe von Chemnitz ihr Schöpplein tranken
und angestrengt die Gespräche der übrigen Gäste belauschten, um
vielleicht Verdächtiges zu erspähen, flog die Tür auf, kursächsische
Soldaten drangen in die Gaststätte ein und ergriffen Zahn nebst seinem Begleiter. Man hatte sie für diejenigen gehalten, die sie selbst
suchten.

Anfang Februar 1755 hatten schließlich Zahns Ermittlungen
Erfolg. In Marienberg wurde ihm über zwei Schwestern in Kühnhaide berichtet, die sich mit dem Handel von Trödel zu ernähren
suchten. Zahn beschloß, in Kühnhaide nach dem Rechten zu sehen.

Am 6. Februar 1755 reiste er mit einigen Begleitern nach dem
Zollhaus Reitzenhain, das 1754 unter Mißhandlung der Bewohner

ausgeraubt worden war. Hier zog er erste Erkundigungen über die beiden Schwestern in Kühnhaide ein.

Um Angst zu verbreiten, nahm Zahn am folgenden Tag unter Zuziehung der Miliz und Jägerei in allen Häusern Kühnhaides Haussuchungen vor, fand aber nichts. Nur bei einer der beiden Schwestern stellte er einen österreichischen Soldaten ohne Paß, für Zahn Grund genug zur Verhaftung der Frau. Wie der Kommissar selbst bekennt, war das nicht rechtens:»Ohne weiter eine Ursache zu finden, ließ ich sie, mehr aus Übereilung als hinlänglichem Verdachte, mit ihren ganzen Mobilien arretiert nach Marienberg schaffen.«

Bei Einbruch der Dunkelheit kehrte Zahn in Begleitung des Oberförsters Petzold ins Zollhaus Reitzenhain zurück, während die Miliz und die Jägerei in Richtung Marienberg abrückten.

Zahn hatte sich im Zollhaus kaum für die Nacht eingerichtet, da klopfte es, und die Schwester der Verhafteten, eine gewisse Hänelin, bat verstört um Einlaß. Sie bedeutete Zahn, daß sie einiges über die gesuchte Räuberbande aussagen könnte, wenn nur Unheil von ihr und ihrer Schwester abzuwenden wäre.

Reitzenhain im Erzgebirge an der böhmisch-sächsischen Grenze. Unten links das österreichische Zollamt unmittelbar hinter dem Grenzübergang, rechts das sächsische Zollamt.

86

Das Zollhaus von Reitzenhain an der Zollstraße nach Böhmisch-Reizenhain. Aufnahme von 1920.

Über die Methode, die Zahn beim nun folgenden Gespräch anwandte, wissen wir nichts, denn dieser geht in seinem Bericht darüber hinweg, »um Eigenlob zu vermeiden«, wie er schreibt. Wir können vermuten, daß Zahn neben großen Versprechungen, zu denen er übrigens durchaus befugt war, mit religiösen Vorhaltungen nicht gespart hat. Zahn erreichte, daß die Hänelin zusagte, einen der Räuber herbeizuschaffen, wenn er nicht am Leben gestraft werde. Auch das konnte Zahn versprechen, wenn sich der Mann keiner Mordtat schuldig gemacht hätte.

Die Hänelin verschwand im Dunkel der Nacht in Richtung Kühnhaide. Zahn sah sich im Zollhaus um, und es wurde ihm mit Entsetzen klar, daß er in einer Falle stecken konnte: Miliz und Jägerei waren über alle Berge, im Zollhaus aber befanden sich außer ihm, Petzold und einem Bedienten nur zwei alte Zolleinnehmer nebst ihren Frauen.

Schnell wurden Fenster und Türen verrammelt. Petzold hielt nach der einen und Zahn nach der anderen Seite Wache. Die Nacht war finster und kalt, der hohe Schnee war fest gefroren. Langsam tropften die Stunden dahin.

Da war fern ein Geräusch zu vernehmen; es kam näher und differenzierte sich mehr und mehr. Bald hörte die Besatzung des Zollhauses das Schnauben eiliger Pferde, das Knirschen von Schlitten-

Der alte Gasthof von Reitzenhain. Er existierte bis Ende des 19. Jahrhunderts. Das Gebäude, Teilgebäude des damaligen Lehngutes, ist der Ursprung der Ortschaft, die bereits 1401 urkundlich belegt ist.

kufen und Schellengeläut. Zahn fiel ein Stein vom Herzen, als er sah, daß eine Extrapost von Komotau nach Marienberg vorfuhr.

In fieberhafter Eile fertigte Zahn eine Anweisung für die Marienberger Behörden aus, schnell Soldaten nach Reitzenhain in Marsch zu setzen. Er wußte freilich, daß vor dem Morgengrauen nicht mit der angeforderten Verstärkung gerechnet werden konnte. Zahn und Petzold bezogen wieder ihre Posten.

Kurz vor Mitternacht wurden Schritte hörbar. Aus dem Dunkel des Waldes lösten sich zwei Gestalten, die Hänelin und ein baumstarker Mann. Es war dies der Gastwirt und Fleischer Hähnel aus Rübenau. Die ersten Worte, die er an Zahn richtete, entstammen einem Kirchenlied aus dem 16. Jahrhundert und scheinen unsere Vermutung zu bestätigen, daß Zahn mit religiösen Vorhaltungen Eindruck auf die Hänelin gemacht hat: »Mein Sünd ist schwer und übergroß und reuet mich von Herzen.« Hähnel gab daraufhin alle Einbrüche und Raubüberfälle, von denen er wußte, zu Protokoll, dazu die Namen von über 40 Räubern.

Als Zahn erfuhr, daß auch der Bediente im Zollhaus zur Bande gehörte, zog es ihm die Haare zu Berge. Auch wurde ihm die Gefahr, in der er geschwebt hatte, recht deutlich, als Hähnel von der Ermordung eines Anführers der Bande durch diese selbst berichtete. Zahn gibt die Details nicht weiter an, wohl aber der Chronist Wilhelm Friedrich Köhler: »Nicht weniger haben sie ihren eigenen Anführer, den sogenannten dürren Schneider, weil er die zu verrathen gedrohet, auf eine erbärmliche Art hingerichtet. Sie lockten ihn ohnweit Rübenau in den Wald, und er muste alsbald niederknien und beten, wo ihn dann sodann zween Rübenauer Bauern bey dem Kopfe nahmen, und ihm erstlich eine Kugel mit dem Tezerol durch die Brust jagten, ihm die Kehle abschnitten, und noch 11 Stiche in die Brust gaben; sie haben alsdenn den Körper in ein altes Schacht geworfen, welcher auch den anderen Tag gefunden worden.«

Den Rest der Nacht verbrachten Zahn und Petzold mit der Ausarbeitung der Taktik für die anstehenden Verhaftungen. Sie beschlossen, dabei möglichst freundlich vorzugehen, die Räuber nicht einzuschüchtern, um dadurch vielleicht aller habhaft zu werden. Die Verhaftungen sollten »mehr ein Lust- als ein Trauerspiel« werden.

Reitzenhain im Winter mit zu beiden Seiten der Bahnhofstraße aufgetürmten Schneemassen. Postkarte von 1915.

Kühnhaide. Postkarte von 1898.

Am frühen Morgen des 8. Februar trafen Soldaten aus Marienberg ein. Sofort ging es nach Kühnhaide. Dort sollte zuerst Johann August Freyer, Besitzer der Mühle am Ortseingang, verhaftet werden. Die Soldaten umstellten das Haus. Zahn drang ein und fand nicht nur den gesuchten Müller, sondern auch dessen mitbeschuldigte Brüder Abraham, Christian und Gottlob.

Nach kurzem Widerstand wurden sie verhaftet. Johann August Freyer beteuerte seine Unschuld und berief sich auf seine Ehrlichkeit und Treue als wohlhabender Müller. Zahn griff zu einem Trick und las dem Müller aus der Hand alles vor, was er von Hähnel wußte, nämlich die Beteiligung an drei Raubüberfällen und fünf Diebstählen.

Freyer wurde leichenblaß und gestand alles. In Erinnerung dessen kann sich Zahn eines kleinen Seitenhiebes auf die Gesittung am kurfürstlich-sächsischen Hof nicht enthalten, indem er schreibt, daß ein Räuber wohl leichter zu bekehren sei als ein Höfling. Just im gleichen Jahr läßt der 26jährige Lessing in seinem Drama »Miss Sara Sampson« Norton sagen: »Vielleicht, weil der Pöbel noch sein Gefühl hat, das bei Vornehmern durch tausend unnatürliche Vorstellungen verderbt und geschwächt wird.«

90

Insgesamt konnten an diesem Tag über zwanzig der Räuber verhaftet werden. In den nächsten Tagen wurde der übergroße Rest dingfest gemacht. Die Bande rekrutierte sich vornehmlich aus den Dörfern Kühnhaide, Reitzenhain, Satzung, Rübenau, Rittersberg, ja sogar aus Ehrenfriedersdorf. Auch im angrenzenden Böhmen wurden von den dortigen Behörden einige Verhaftungen vorgenommen.

Der Lengefelder Kantor Fuhrmann berichtet als Zeitzeuge in seinen Tagebüchern über weitere Details der Aktion: »Soviel Schnee will niemand gedenken. Vor meinem Fenster steht eine Windwebe über 5 Ellen hoch … Ist das nicht ein übler Winter vor das arme Wildpreth und die Diebe? Jenes crepiert und diese werden auffgesuchet und arretiert.«

Von Fuhrmann erfahren wir auch, daß Kommissar Zahn am 17. Februar 1755 in Lengefeld weilte, um die »alte Schwedin«, das »alte Diebs- und Schandluder«, zu verhaften. Sie stand in Verdacht, mit der Bande Fühlung zu haben, wurde aber im April 1756 wieder aus dem Arrest entlassen, während ein anderer Lengefelder sowie der Wirt der »Roten Pfütze« aus Großolbersdorf im Wolkensteiner Gefängnis starben.

Wenn man bedenkt, daß Kommunikation und Geheimhaltung immerhin recht funktionstüchtig gewesen sein müssen, so ist der Erfolg des Kommissars angesichts des Einzugsbereiches der Bande von weit über 20 Kilometern Luftlinie erstaunlich.

Die eingefangenen Raubgesellen ließ Zahn in die Kerker nach Wolkenstein, Marienberg, Chemnitz und Augustusburg bringen. Die unter böhmischer Gerichtsbarkeit stehenden Bandenmitglieder wurden in Komotau und Rotenhahn eingesperrt.

Zahn führte ab Ostern 1755 die Untersuchungen und freute sich nachträglich noch sehr, die Tortur nicht haben anwenden zu müssen. Das ersparte es den Räubern aber keineswegs, an Leib und Leben gerichtet zu werden.

Die erste Exekution fand im August in Wolkenstein statt. Elf Missetäter wurden innerhalb einer Stunde geköpft und ihre Körper »den anderen zur Abscheu« aufs Rad geflochten.

Am 12. September 1755 sah Wolkenstein eine zweite Exekution. Es wurden gerichtet: die vier Gebrüder Freyer und Gottfried Fleischer aus Kühnhaide, Gottfried Hillig und Johann Christian Weichelt aus Reitzenhain sowie Gottfried Müller aus Ehrenfriedersdorf.

Wolkenstein um 1800.

Ihnen warf man zusammen 17 Raubüberfälle und 39 Diebstähle vor. Das verkündete ein Galgenblatt, das unter die gaffende Menge verteilt wurde.

Vom Tage der Urteilsverkündung bis wenige Stunden vor seiner Hinrichtung soll Gottfried Müller aus Ehrenfriedersdorf eine Geisteskrankheit vorgetäuscht haben. Inwiefern Müller tatsächlich simuliert hatte oder ob ihn die schwere Kerkerhaft, die Untersuchungen und der Gedanke an den Tod durch Henkershand seelisch zerbrechen ließen, kann man heute nicht mehr feststellen. Ein Psychiater wird das Wolkensteiner Gefängnis mit Sicherheit nicht betreten haben.

Unter den Todeskandidaten stand auch Hähnel, zu seiner Hinrichtung präpariert. Er mußte zusehen, wie die Köpfe seiner Kumpane rollten. Als die Reihe an ihm war, wurde er begnadigt und mit seiner gesamten Familie ins Zuchthaus Waldheim zur »weiteren Versorgung« überwiesen. Zahn hielt Wort.

Im November erfolgten Hinrichtungen in Rübenau sowie auf böhmischer Seite in Komotau und Rotenhahn, dann nochmals in Wolkenstein.

Alle Räuber hatte man offensichtlich nicht einfangen können. Noch am 6. Januar 1756 schickten die Lengefelder Gerichte den

Fronboten nach Marterbüschel, dem heutigen Ortsteil von Pockau bei Marienberg. Dort sollte noch ein Bandenmitglied im Versteck sitzen. Gefangen wurde der Räuber nicht.

Rad, Schwert und Strick hatte man für die Räuber. Die versprochenen hohen Gnadenbeweise für Zahn hatte man nicht. Selbst die Unkosten in Höhe von 3 000 Talern wurden ihm nicht zurückerstattet. Noch 1767 ist die Rede von der unbeglichenen Schuld.

Auch die Trödlerin Hänel kam nicht in den Genuß ihres Verrats. Die 60 Taler, die ihr für die Herbeischaffung des Räubers von den Behörden zugesichert worden waren, wurden erst nach ihrem Tode den Erben ausgezahlt.

Damit könnten wir diese Episode aus dem Vorabend des Siebenjährigen Krieges beiseite legen, wenn sie nicht ein Vorspiel gehabt hätte, dessen Ende wir bereits kennen, und zwar das Ende des sogenannten dürren Schneiders, der von der Bande hingerichtet wurde. Dieser war den kurfürstlich-sächsischen Behörden weit vor der Expedition des Kommissars Zahn als »ein berüchtigter Wildpreths und gemeiner Dieb« unter dem Namen Johann August Tröger bekannt, wie uns eine Akte aus dem Staatsarchiv Dresden berichtet.

Vorderansicht der Strafanstalt Waldheim. Foto von 1900.

Das Königliche Sächsische Schloß Wal[
Hauß. Nr.1 das Schießhauß, 2 das Schützenhäuß,
[...]eren, 6 das neue Gebäude, 7 die Oeconomie, 8 der disti[
11 das alte Schloß, 12 der Mittel Gang, 13 das Frauen [
Hauß, 17 eine Bürger Scheune, 18 das Dorff Mein[
21 die Züchtlinge auf Arbeit.

Das Königliche Sächsische Schloß Waldheim: Armen-, Waisen-, Zucht-
und Arbeitshaus. Stich von 1809. Die Anordnung zum Umbau des verfal-
lenen Schlosses erließ August der Starke 1715. Am 3. und 4. April 1716
wurde die Anstalt eingeweiht, Heinrich Balthasar Wagnitz bezeichnete

sie in seinen 1791 erschienenen »Historischen Nachrichten und Anmer-
kungen über die merkwürdigsten Zuchthäuser Deutschlands« als »die
Mutteranstalt von allen, das Modell, wonach die übrigen mehr oder weniger geformt sind«.

Die Strafsäule und Willkommen der neuen Züchtlinge. Stich 1726. –
1 Neuankömmlinge wurden mit einer Tracht Stockhiebe begrüßt.
2 Die Kirchenparade der Armen, Waisen und Züchtlinge.
3 Die Männerstube, wo die Armen, Waisen und Züchtlinge gespeiset werden.
4 Leichenparade, wie die Armen, Waisen und Züchtlinge zu Waldheim die Toten daselbst begraben.

Wir wissen bereits, daß er mehr war, nämlich einer der frühen Anführer derjenigen Räuberbande, die der Sonderkommissar Zahn liquidierte.

Dennoch begegneten sich beide nie, weil Trögers räuberische Aktivität in die Frühzeit der Bande fiel und er schon tot war, als Zahn dessen vormalige Raubgenossen fing.

Von Johann August Tröger wußten die Behörden Anfang der fünfziger Jahre des 18. Jahrhunderts, daß er wegen verschiedener Einbrüche und Diebstähle aus dem Königreich Böhmen ausgewiesen worden war und daß er sich als Mühlbursche unter verschiedenen

Namen im Grenzgebiet aufhielt. Mit seiner Ausweisung nahm es Tröger nicht sehr genau, obwohl er Urfehde geschworen hatte und wußte, daß es ihm ans Leben gehen konnte, wenn er auf böhmischem Boden angetroffen und eingefangen werden sollte.

Das geschah dann auch am 26. Juli 1751 im Gasthaus zu Böhmisch-Natzschung. Tröger trug mit Brechstange, Dietrich und Fangleine Werkzeuge bei sich, die ihn eindeutig als Dieb kennzeichneten. Bei der Leibesvisitation entdeckten die österreichischen Häscher auf Trögers Rücken die mit glühenden Eisen eingebrannten Buchstaben R. B. O., was »religiert aus Böhmen und Österreich« bedeutete, eine gleichermaßen unmenschliche wie damals übliche Brandmarkung der aus diesen Landen Ausgewiesenen.

Als Johann August Tröger nach Komotau ins Gefängnis gebracht wurde, fühlte er, wie eng es ihm um den Hals wurde. Da die Buchstaben R. B. O. in Tateinheit mit der Rückkehr nach Böhmen allein schon für den Strick reichen konnten, beschloß er, geständig zu sein und so Zeit zu gewinnen. Dabei war er vorsichtig genug, nur solche Delikte freiwillig zuzugeben, die er auf sächsischem Boden begangen hatte. Er wußte, daß die Österreicher sehr zurückhaltend waren, wenn es darum ging, ihre eigenen Landsleute den Sachsen auszuliefern. Vor allem Wilddiebe konnten sich diesbezüglich sicher fühlen, denn sie brachten begehrtes Fleisch auf den Markt, wenn auch auf den schwarzen. Das störte jedoch wenig, zumal es auf das Konto des sächsischen Kurfürsten ging. Selbst wenn Prag einmal einem Auslieferungsbegehren stattgab, war im allgemeinen wenig zu befürchten, denn die sächsischen Ämter, die für die Übernahme der Gefangenen verantwortlich waren, konnten und wollten meist nicht die Untersuchungs- und Haftkosten bezahlen, die natürlich die Österreicher auf die Rechnung setzten.

Aus gutem Grunde verschwieg Johann August Tröger seinen Namen und gab nur an, daß er »der dürre Schneider« genannt wurde. Zuvorderst gestand er, im Jahre 1747 mit einem gewissen Reuther bei Steinbach im Amt Wolkenstein einen weißen Rehbock geschossen und an den sächsischen Zollbeamten Hermann für 2 1/2 Gulden verkauft zu haben. Ferner berichtete er über einen geplanten, noch nicht ausgeführten Raubüberfall auf das Forsthaus im Kriegwald bei Rübenau, wobei Förster Schwarze nicht nur beraubt, sondern auch totgeschlagen werden sollte.

Der dürre Schneider handelte sorglos, als er seine sächsischen Kumpane verriet, mit denen er diese Bluttat ausführen wollte, nämlich George Michel aus Satzung und Hans Christian Beyer aus Blumenau, der auf den prägnanten Spitznamen »Sau-Hans« hörte. Der dürre Schneider ahnte nicht, daß er sich damit selbst das Todesurteil gesprochen hatte. Im Komotauer Gericht mußte damals ein sächsischer Informant gesessen haben, denn bereits wenige Wochen nach der Verhaftung des dürren Schneiders berichtete der Kammerherr und Oberforstmeister Heinrich von Bünau detailliert dessen Geständnis in einem Brief an den sächsischen Kurfürsten, obwohl das Komotauer Gericht weder die Akten ausgeliefert noch zwei extra dazu beauftragten sächsischen Forstbedienten Einsicht in die Akten gewährt, ja nicht einmal den dürren Schneider hatte vorführen lassen.

Die Forstbedienten wurden in Komotau ziemlich schroff abgefertigt. Der Bürgermeister schickte sie zum Stadtschreiber, der ihnen lapidar erklärte, daß er eine Information nur dann geben könnte, wenn ein genehmigtes schriftliches Ansuchen der Kammer zu Dresden beim Magistrat zu Komotau oder bei der Kammer zu Prag vorläge, was aber sinnlos wäre, weil der dürre Schneider wegen gebrochener Urfehde am Leben gestraft werde. Außerdem wäre ein Auslieferungsbegehren von seiten der Prager Kammer bereits genehmigt, vom Amt Wolkenstein aber ausgeschlagen worden, weil es die Unkosten hätte nicht bezahlen können.

So wiehert der Amtsschimmel seine Logik.

Als die sächsischen Forstbedienten, bevor sie unverrichteterdinge abzogen, in einem Wirtshaus ihren Leib stärkten und sich dabei ihren Unmut von der Seele redeten, erfuhren sie von einem Komotauer Bürger:»Es würde bey ihnen wegen derer Wildpreths-Deuben nichts gethan, weile sie weder aus Sachsen noch sonsten Wildpreth vor Bezahlung nicht bekommen könnten, mithin sie froh wären, wenn sie Wildpreth auf andere Art erlangten.«

Nach Sachsen wurde Tröger also nicht ausgeliefert, war statt dessen im Sommer 1753 wieder auf freiem Fuße. Die Akten schweigen darüber, ob ihn das Komotauer Gericht in Freiheit setzte oder ob er aus eigener Initiative dem Gefängnis seine Absätze zeigte. Letzteres ist am wahrscheinlichsten, wenn man an die gebrochene Urfehde denkt.

Am 8. August 1753 wurde er auf Grumbacher Flur vom Wolkensteiner Amtsfron angetroffen, der aus Routine den ihm unbekannten dürren Schneider aufforderte, sich auszuweisen. Tröger entgegnete, daß er als Komotauer Bürger keinen Paß brauche. Diese unbefriedigende Antwort ließ den Amtsfron die Stirn in Falten legen, die Tröger kurz entschlossen mit einem Gulden Bestechungsgeld zu glätten versuchte. Das Resultat fiel negativ aus. Der Amtsfron zog sein Seitengewehr und verprügelte damit den dürren Schneider. Als dieser darauf »ein Pistol gut geladen unterm Rock hervor gezogen«, verstand der Amtsfron keinen Spaß mehr. Er packte Tröger am Schlafitchen und brachte ihn samt Gulden und Pistole nach Wolkenstein. Dort steckte er den dürren Schneider ins Gefängnis, Gulden und Pistole hingegen in die eigene Tasche. Dem Wolkensteiner Gericht gestand Johann August Tröger lediglich seinen Namen. Den Spitznamen hatte man angesichts der Buchstaben R. B. O. bereits erraten. Alle ihm zur Last gelegten Verbrechen leugnete er beharrlich.

Bereits kurz nach seiner Verhaftung wurde Tröger dem Amt Wolkenstein lästig, weil zu teuer. In einem am 22. September 1753 aufgesetzten Brief an den sächsischen Kurfürsten klagte der Wolkensteiner Amtmann Römer über die hohen Haftkosten, die von den Amtsgeldern getragen werden müßten, da Tröger nichts aufbringen könnte.

Als Römer den Brief schrieb, hatte die Dresdner Kammer bereits entschieden, »daß mehr gedachter Raubschütze, der dürre Schneider genannt, vom Amte Wolkenstein zum allhiesigen Ober-Amte geliefert, auch von diesen nebst denen Oberforstmeistern von Bünau und von Nostiz, die Untersuchung fortgesetzt werden solle«.

Normalerweise war die Regierung in Dresden darauf bedacht, die Untersuchung von Kriminalfällen denjenigen Ämtern zu überlassen, auf deren Territorien sie geschehen waren, schon aus Gründen der Kosten. Johann August Tröger hatte aber keinen gewöhnlichen Rehbock geschossen, sondern einen weißen, einen seltenen Albino, eine königliche Jagdbeute. Deshalb wurde er nach Dresden geschafft, um von den Oberforstmeistern Bünau und Nostiz vernommen zu werden und nicht von subalternen Amtsleuten aus der Provinz.

Den beiden Oberforstmeistern gelang es nicht, Tröger ein Geständnis abzuringen, obwohl sie ihn foltern ließen. Weder die

Daumenstöcke bewegten den dürren Schneider zur Aussage noch das Strecken auf der Leiter und das Anlegen von Beinschrauben.

Bünau und Nostiz schrieben am 7. März 1754 an den Kurfürsten, »daß sie nun nichts weiter erreichen könnten«, was aber ohne sonderliche Bedeutung sei, da man Tröger als einen entflohenen Sträfling des Dresdner Gefängnisses erkannt und sich »folglich derselbe allbereit zum Vestungsbau qualifiziert« habe.

Damit schließt die Akte aus dem Staatsarchiv Dresden.

Den Fortgang der Handlung, die Exekution des dürren Schneiders, kennen wir aus Köhlers Wolkensteiner Chronik.

Johann August Tröger muß demnach abermals aus dem Gefängnis entsprungen sein und sich nach Rübenau begeben haben. Ihm war offensichtlich entfallen, daß er 1751 vor dem Komotauer Gericht seine sächsischen Kumpane verraten hatte. Deren Gedächtnis hingegen war besser. Hans Christian Beyer, der Sau-Hans, konnte sich damals nur der Verhaftung entziehen, indem er Haus und Hof verließ. Den Verrat des dürren Schneiders hatte er nicht vergessen. Wilhelm Friedrich Köhler irrt also, wenn er schreibt, daß der dürre Schneider gedroht hätte, seine Kumpane zu verraten. Das hatte Tröger bereits vor Jahren im Komotauer Gefängnis getan, und seine erbärmliche Hinrichtung im Kriegwald war die Vollstreckung eines Femeurteils, die Rache der Räuberbande für verübten Verrat.

LITERATURHINWEISE

Köhler, W. F.: Historische Nachrichten von der chursächsischen alten freyen Bergstadt Wolkenstein im meißnischen Obererzgebirge. Schneeberg 1781.

Hänel, J.: Ergänzung zum Pitaval aus Lengefeld. In: Erzgebirgische Heimatblätter, Olbernhau 4 (1982)3.

Staatsarchiv Dresden: Renth.-Acta, des berüchtigten Wildprets-Diebes, des sogenannten dürren Schneiders (Joh. Aug. Tröger) ingl. des Zollbereuther Hermanns zu Wolkenstein, wegen ihme imputirten wißentlichen Erkauffung eines von dem ersten geraubten weißen Rehbocks Untersuchungs-Sache betr. 1751. Rep. XVIII. Leuterstein 90. Loc. 38733, Bl. 1a

Böttiger, C. W.: Geschichte des Kurstaats und des Königreichs Sachsen. Band 2. Gotha 1870.

100

Johannes Karraseck – Räuberhauptmann und Oberlausitzer Volksheld

Wer in der Oberlausitz die Rede auf Johannes Karraseck bringt, findet stets gespitzte Ohren und hört nur Gutes über ihn. Die Ostsachsen haben ihren Räuberhauptmann ins Herz geschlossen. In der Volksmeinung lebt er als freundlicher, immer sauber und manierlich gekleideter Landsmann, der den Reichen nahm, den Armen gegenüber aber stets freigebig war. Die Sage charakterisiert ihn als einen reputierlichen Mann, der gern die Frauen beschützte und beschenkte. Hoch rechnen die Oberlausitzer dem Räuberhauptmann seine Gottesfürchtigkeit an, die übrigens, wie wir noch sehen werden, historisch nachweisbar ist. Die Schreibweise seines Namens schwankt. In den kursächsischen Akten steht »Karraseck«. Dieser Schreibweise schließen wir uns an. Die tschechische Version ist dagegen »Karasek«.

Zu seinen Lebzeiten wurde Johannes Karraseck von den Oberlausitzern allerdings nicht so liebevoll behandelt. Als er im Jahre 1800 von kursächsischem Militär eingefangen worden war und nach Bautzen ins Gefängnis gebracht wurde, rief ein Gaffer angesichts der Wohlbeleibtheit des Räuberhauptmannes und der allgemein bekannten Dürftigkeit der Gefängnisverpflegung höhnisch: »Bey der schlechten Kost wird der Bauch auch bald wegfallen.« Das »Auch« verdoppelte den Hohn des Rufers, der damit dem Johannes Karraseck verdeutlichen wollte, daß dieser um den Wegfall eines weiteren Körperteils zu bangen hatte. Karraseck verstand die Anspielung und antwortete: »Eben das geht mir im Kopfe herum, weil ich immer ein Freund von Fressen und Saufen war, wünsche ich als ein guter Narr dem Ungeziefer mit meinem Ranzen ein rechtes Präsent zu machen, und einen Schmaus zu geben, über den sich die Äser noch lange freuen sollten.«

Selbst wenn der zeitgenössische Berichterstatter dieser Szene zu dick aufgetragen haben sollte, reflektiert der beschriebene Vorfall zumindest ein wenig die öffentliche Meinung, die sich austobte, als Karraseck 1803 in Bautzen an den Pranger gestellt wurde. Da bewarf

Johannes Karraseck gibt seiner Bande Anweisung für einen neuen Raubzug.

die wenig freundlich gestimmte Menge den Johannes Karraseck mit jedem nur greifbaren Schmutz und verhöhnte den wehrlosen Mann, daß es nur so seine Art hatte.

Zu einer solchen öffentlichen Meinung paßte dann auch gut die folgende Kurzcharakteristik des Räuberhauptmannes: »Seine Gesichtszüge lassen sehr leicht den errathen, an dessen Füßen die Kette klirrt.«

Die Oberlausitzer scheinen ihre Liebe zu Karraseck wohl erst nach seinem Tode entdeckt zu haben. Da konnte er freilich auch keinen mehr bestehlen.

In den Episoden, die über ihn im Umlauf sind, wird er als Helfer der Armen und Schwachen glorifiziert. So berichtete eine alte Frau aus Neugersdorf: »Das ist nicht etwa gelogen, nee, das ist wirklich wahr; denn das haben uns die Großeltern schon immer erzählt, und da haben noch Leute gelebt, die das selber gesehen haben. Karraseck ist immer gern auf das Gersdorfer Schießen gekommen. Und die Händler, die da Buden hatten, die haben ihn auch gern kommen sehen; denn wenn Karraseck mit ein paar von seinen Kerlen da war, da durfte sich keiner getrauen und was mausen. Der hielt Ordnung! Aus der Schützenwache hat sich niemals einer was gemacht. Aber vor Karraseck, da hatten sie alle Respekt. Der hatte aber auch Ansehen! Wie so ein feiner Jäger ging er, in einem grünen Rocke und in weißen Hosen, mit der Flinte auf dem Rücken und seinem feinen Stocke. Einmal wurde er gewahr, wie ein Schießgänger einer alten armen Frau ein Paar neue Schuhe, die sie gekauft hatte, aus dem Handkörbel nahm. Karraseck hin, packt den Kerl beim Schlafittchen, haut ihm mit dem Stock den Buckel voll, nimmt ihm die Schuhe weg und gibt sie der alten Frau wieder. So machte der's! Der hielt's mit den kleinen Leuten. Aber er litt's auch nicht, daß aus den Buden was gemaust wurde. Drum waren die Händler jedesmal froh, wenn's hieß: Der Karraseck ist auf dem Schießen. Und später, wie sie ihn dann verraten hatten und die Dragoner auf Bautzen geschafft hatten und wie dann keine Respektsperson mehr da war, da hat mancher Händler gesagt: ›Nu ist's wieder arg mit der Mauserei! Karraseck fehlt! Der guckte den Leuten auf die Finger. Wenn der noch da wär', könnten sich die Mauseluder nicht breitmachen!‹ So ist das gewesen, das wissen alle Gersdorfer.«

Bei der Beschäftigung mit dem Leben des Räuberhauptmannes, das sich als Kette unglücklicher Ereignisse darstellt, kommt unwei-

Die Oberlausitzer Ortschaft Eibau, im Hintergrund der Kottmar.
In Neueibau wurde Karraseck vorübergehend festgenommen.

gerlich Mitgefühl mit Johannes Karraseck auf, der lange Zeit um ein
friedliches Dasein rang, immer wieder in schlimme Umstände geriet
und Rohheiten zu ertragen hatte, bis er schließlich glauben mußte,
so sei das Leben. Für ihn war es ja auch so. Er glich sich an. Wie
anders hätte er leben sollen? Und von da an war es nur ein kleiner
Schritt bis zu dem Pfade, der jenseits der Gesetze verlief.

Vielleicht hat die gesunde Oberlausitzer Volksseele gerade diese
Umstände gefühlt, als sie sich dem Räuberhauptmann liebevoll
zuwandte.

Johannes Karraseck wurde am 10. September 1764 in Smichow
bei Prag als Sohn eines Tischlers geboren. Das belegt eine Eintragung im Taufregister des böhmischen Städtchens. Bisher wurde als
Geburtsjahr 1765 angenommen.

In seiner Kindheit genoß er keinen Schulunterricht und war so bis
zu seinem Tode Analphabet, obwohl er durchaus einen hellen Kopf
besaß. Bei seinem Vater erlernte Karraseck den Tischlerberuf und
entwickelte Geschick im Malen und Anstreichen. Die Entlohnung
war jedoch karg, so daß er, um mehr Geld zu verdienen, zu einem
Metzger in die Lehre ging. Ein ehrbares Handwerkerleben schien

damit vorgezeichnet zu sein, ein Leben allerdings, das keine Häufung von Reichtümern versprach. Als Karraseck eingefangen worden war und in Bautzen seinem Urteil entgegenharrte, sollte ihm selbst der ehrliche Einstieg in sein Leben bösartig ausgelegt werden, indem die erlernten Professionen für die Basis künftiger räuberischer Aktivitäten gehalten wurden. Als Tischler und Maler hätte Karraseck die zum Stehlen notwendigen Kunstgriffe erlernt, als Metzger die Brutalität. »Mit eben dem kalten Blute, mit welchem er das Messer zum Schlachten der Tiere wetzte, fühlte sich dann seine verhärtete Bosheit fähig, die Menschen zu verwunden«, urteilte der Chronist im Jahr 1803.

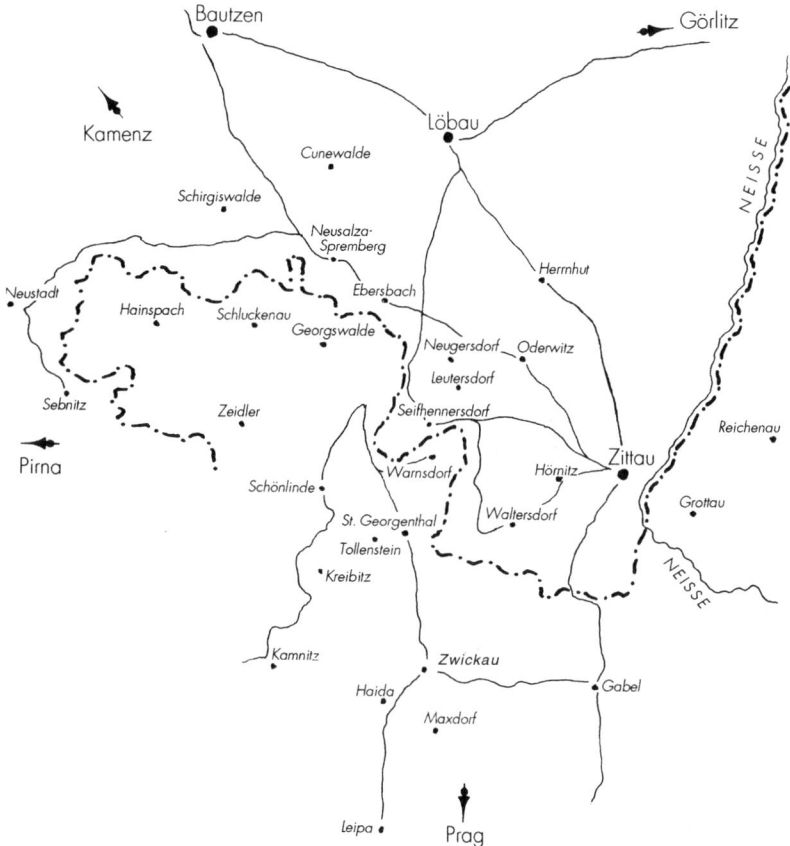

Karrasecks Räuberrevier.

Nach Abschluß seiner Metzgerlehre ging Karraseck sechs Jahre auf Wanderschaft durch Böhmen und Mähren. Als er einmal von Leitmeritz nach Bunzlau auf dem Weg war, wurde er des Diebstahls beschuldigt und eingesperrt.

Damit war der Grund gelegt für ein Dasein am Rande der Gesellschaft. 14 Monate und 10 Tage verteidigte sich Karraseck tapfer, und obwohl ihm eine Schuld nicht nachgewiesen werden konnte, verurteilte ihn das Gericht zu vierjähriger Strafarbeit, die er vollständig in Leitmeritz abzuleisten hatte. Nach seiner Entlassung war es für Karraseck unmöglich, als Handwerker wieder Fuß zu fassen. Deshalb verdingte er sich bei einem Pascher in Melnik als Gehilfe. Für seinen Wunsch nach geordneter Seßhaftigkeit spricht, daß er acht Jahre bei dem Pascher blieb, bis ihn ein zweites Mißgeschick ereilte, das gravierendere Folgen haben sollte als das erste.

Nachbildung der Greibichschenke mit der Karraseckbande beim Festumzug anläßlich der 150-Jahr-Feier von Neuleutersdorf im Jahre 1927. – Karraseck hatte Magdalena Greibich, die Tochter des Neuwalder Gastwirts geheiratet. Die Greibichs stammten aus dem böhmischen Warnsdorf. Die Greibichschenke war der Kretscham von Neuwalde. Sie lag mitten im Walde auf der oberen Butterwiese. Sie mußte bereits 1809 abgerissen werden. Heute erinnert eine Gedenktafel an den ehemaligen Treffpunkt der Karraseckbande.

Karasseck wurde mit einem Deserteur verwechselt und zum österreichischen Infanterieregiment Fürst Hohenlohe nach Theresienstadt gebracht. Natürlich stellte es sich bald heraus, daß Karraseck der Gesuchte nicht war, aber wen die Österreicher hatten, den ließen sie so schnell nicht wieder laufen. Da gab es kaum Unterschiede zur preußischen und kursächsischen Armee, zumal an Karraseck das Handgeld eingespart werden konnte.

Dieser trug verständlicherweise den bunten Rock mit Abscheu und sann auf Flucht. Auf einem Marsch nach Prag gelang es ihm, zu desertieren. Nach zwei Tagen erreichte er glücklich die kursächsische Grenze und ließ sich in Steinigtwolmsdorf im Amt Stolpen als Tuchhändler nieder. Hier schien es ihm zu gelingen, eine geordnete Existenz zu gründen. Der Tuchhandel warf so viel ab, daß er heiraten konnte.

Bald wurde er Vater. Sein Glück währte jedoch nur kurz. Nach wenigen Wochen friedlichen Familienlebens starb seine Frau. Dann geriet er abermals mit der Obrigkeit in Konflikt. Er wurde in Neueibau verhaftet, weil er sich gegenüber der Landesvisitation nicht ausweisen konnte.

Die kursächsischen Behörden sperrten ihn in Zittau 18 Tage ein, dann schoben sie ihn über die Grenze nach Böhmen ab. Hier erkannte ihn eine Frau als Deserteur, der er ja nun wirklich war. Johannes Karraseck wurde daraufhin nach Theresienstadt in sein Regiment geschafft und erhielt dort 40 Hiebe auf sein Gesäß, die Strafe für die unerlaubte Entfernung von der Truppe.

Lange hielt es Karraseck auch diesmal nicht bei den Soldaten. Nach 12 Wochen Dienst desertierte er erneut.

Bei seiner ersten Flucht aus der Armee war es für ihn ziemlich leicht, das künftige Asyl zu wählen, die nahe Oberlausitz im Kurfürstentum Sachsen. Nun war er jedoch auch hier mit dem Gesetz aneinandergeraten und der Behörde als unliebsamer Ausländer bekannt. Aber in den Dörfern an der kursächsisch-böhmischen Grenze hatte er Bekannte, und vor allem fand er dort sein Kind. Was also lag für Johannes Karraseck näher, wieder in die Oberlausitz zu gehen und sich gewissermaßen auf die Grenze selbst zu setzen, um im Bedarfsfalle entweder nach der einen oder nach der anderen Seite auszuweichen? Daß die damaligen Ortschaften Nieder- und Neuleutersdorf, Neuwalde und Josephsdorf zwischen Seifhennersdorf und

Neugersdorf im kursächsischen Gebiet eine böhmischen Exklave bildeten, die der Fürstlich-Liechtensteinischen Herrschaft Rumburg unterstand, konnte für Karraseck nur günstig sein. Hier hatte auch sein Kind in Magdalena Greibich, der Tochter des Gastwirts von Neuwalde, eine sorgende Ziehmutter gefunden. Als Dank dafür heiratete Johannes Karraseck die Wirtstochter. Und um der Eheschließung besondere Würde zu verleihen, wählte er als Ort der Trauung die katholische Hofkirche zu Dresden.

Das Forsthaus Neuwalde am Wacheberg, im Volksmund die Karraseck-Schenke genannt, obwohl es niemals Treffpunkt der Karraseckbande war. Postkarte vor 1914.

Wie nun aus dem hin und her gehetzten Karraseck der berühmt-berüchtigte Anführer einer Räuberbande wurde, ist nicht bekannt. Jedenfalls begann er damit, Raubzüge in großem Stil zu organisieren und als eigentlichen Lebensunterhalt zu betreiben. Zur Tarnung war er freilich auch ein wenig als Maler, Tischler und Fleischer tätig.

Das Auge des Gesetzes beobachtete ihn mit Argwohn. Schon 1793 bezeichneten Leitmeritzer Gerichtsakten Karraseck als »Diebstähler, Schalk und boshaften Bösewicht, der sich mit seinem verschmitzten Leugnen bisher herumgeholfen hat.« Und das Rumburger Gericht kannte in ihm einen »ausgemachten und durchtriebenen Spitzbuben, der alles leugnet«.

Die Jahre 1796 bis 1800 sahen Johannes Karraseck und seine Räuberbande auf dem Höhepunkt rastlosen Schaffens. Die Liste der Raubzüge links und rechts der Grenze ist lang: Oktober 1796 – Herrenwalde, 7. Januar 1797 – Sebnitz, 31. August 1797 – Niederoderwitz, Herbst 1797 – Schirgiswalde, Georgenthal, Ebersbach, Schumbach, Herbst 1798 – Reichenbach.

In Reichenbach wurde Johannes Karraseck ergriffen und zugleich als Deserteur erkannt. Daß man ihn nicht als Räuber, sondern als entlaufenen Soldaten behandelte, wirft ein charakterisierendes Licht auf die damaligen Zustände in der österreichischen Armee.

Diesmal erhielt Karraseck in seiner Garnison 50 Hiebe, zehn mehr als beim ersten Mal, die Zugabe für den Rückfall. Lange konnte Karraseck sein zerschlagenes Gesäß nicht pflegen. Das Regiment marschierte nach Westen, Österreich rüstete zum 2. Koalitionskrieg gegen die französische Republik. In der Pfalz desertierte Johannes Karraseck zum dritten Mal, nun gewissermaßen angesichts des Feindes. Daß als Strafe dafür weitaus Schlimmeres als Prügel zu erwarten war, wußte er.

Trotzdem zog es ihn wieder zu Weib, Kind und Räuberbande in das kursächsisch-böhmische Grenzgebiet, in die gefährliche Nähe derjenigen, die ihn schon zweimal als Deserteur erkannt und eingefangen hatten.

Damit stand fest, daß der einmal beschrittene Weg konsequent fortgesetzt werden mußte. Das bewies Karraseck deutlich mit folgenden Raubzügen, die er sämtlich im Jahr 1800 unternahm: 1. April – Seitendorf, 5. April – Altgersdorf, 22. April – Marienthal, 2. Mai – Kreibitzer Neudörfel, 12. Mai – die Hammermühle bei Haida, 13. Juni – Schönbrunn, 18. Juni – die Klause, 20. Juni – die Teichmühle bei Rosenhain, ebenfalls im Juni – Wendisch-Cunnersdorf sowie die Engelmühle bei Obergrund, 3. Juli – Crostau, 9. Juli – Warnsdorf, 16. Juli – die Obermühle bei Hainewalde, 21. Juli – Friedland, 23. Juli – Eulowitz.

Johannes Karraseck entwickelte für seine Raubzüge ein Verfahren, das im wesentlichen folgendermaßen ablief: Zuerst wurde ausspioniert, in welchem Bauerngehöft, in welchem Haus oder in welcher Mühle ein Raub genügend einbringen könnte. Als strenggläubiger Katholik wählte Karraseck nie ein Pfarrhaus, eine Kirche oder ein Kloster zum Ziel seiner Überfälle. Das Auskundschaften übernahm meist Karraseck selbst, hin und wieder aber auch sein Freund,

Oberleutersdorf um 1830, das im Gegensatz zu Niederleutersdorf nicht in der böhmischen Enklave lag.

der Bautzner Karl. Es galt, die Örtlichkeiten genau kennenzulernen und die Anzahl der Bewohner festzustellen. Besonders scharf forschten die Räuber nach Hunden, damit diese zu Beginn des Über-

Seifhennersdorf um 1820, das volksreichste Dorf in der Oberlausitz. Hier wurde Karraseck verhaftet.

Blick auf die Ortsteile Mittel- und Oberleutersdorf vom Großen Stein.
Neuere Postkarte.

falls ausgeschaltet werden konnten. Karraseck trat als Jäger, Handelsmann, Viehhändler oder Käufer von Grundstücken auf. Er zeigte sich freundlich und umgänglich, trug immer schmucke Kleidung und verstand es, wie unbeabsichtigt viel Geld zu zeigen, worauf ihm stets Vertrauen entgegenschlug. Besonders auf die Oberlausitzer Frauen muß Karraseck großen Eindruck gemacht haben, die ihn samt und sonders als schönen Mann bezeichneten.

Wen die Frau des Hauses ins Herz geschlossen hat, dem stehen Tor und Türen offen. Karraseck nutzte es, und da er ein gutes Gedächtnis hatte, waren seine Raubgenossen bestens informiert.

Am Tage des Überfalls sandte Karraseck Boten aus, die seine Kumpane an einen bestimmten Ort zum Sammeln aufforderten. Solche Botengänge wurden oft unwissenden Kindern übertragen. Manchmal ließ Karraseck die Räuber nach Neuleutersdorf in die Gastwirtschaft seines Schwiegervaters rufen, die der Volksmund nach dem Besitzer »Greibichschänke« nannte. Diese bildete eine wichtige Operationsbasis für die Räuberbande. Greibich selbst wird in den Akten als ein »ausgefeimter Hehler« bezeichnet. Waren die Räuber versammelt, legte Karraseck seinen Plan dar und verteilte die Aufgaben. Gewöhnlich mußten drei Räuber Wache außerhalb

Gruss aus Seifhennersdorf.

Seifhennersdorf um 1909. Rechts hinten der Gerichtskretscham. In der Bildmitte der Richterberg, rechts der Warnsdorfer Spitzberg. Zwischen beiden Bergen verläuft die böhmisch-sächsische Grenze.

des Hauses beziehen. Drei weitere hatten die unteren Räume des betreffenden Hauses zu besetzen. Die Gesichter wurden mit Ruß geschwärzt und bis zur Nase vermummt. Einige Bandenmitglieder legten falsche Bärte an.

Das Tragen von Waffen war nicht üblich. Blutvergießen sollte vermieden werden. Karraseck selbst hatte aber stets entweder eine Pistole, einen Degen oder einen Stock bei sich.

Waren alle Vorbereitungen sorgfältig getroffen, ging die Bande zügig ans Werk. Aus angemessener Entfernung wurde zuerst das Objekt des geplanten Raubes beobachtet. Kehrte dort feierabendliche Ruhe ein, galt es zunächst, eventuell vorhandene Hofhunde auszuschalten. Diese waren oft die einzige Sicherung der Häuser. Deshalb legte Karraseck auf das Fangen und Töten von Hunden größten Wert. Er bildete seine Raubgesellen darin regelrecht aus. In den Prozeßakten werden mehrmals »Krahäugel« erwähnt, die man bei Karraseck gefunden hatte und mit denen er die Hunde vergiftet haben sollte. »Krahäugel« sind Samenkörner einer Giftpflanze, die im Hochdeutschen »Krähenaugen« heißen. Wie Karraseck die

Hunde dazu brachte, den Pflanzensamen zu fressen sowie möglichst schnell und lautlos zu sterben, bleibt in den Akten jedoch offen. Karraseck wies den Vorwurf beharrlich von sich, Hunde mit Krähenaugen getötet zu haben. »Krahäugel« wären, mit Schnupftabak in Milch gekocht, ein vortreffliches Mittel gegen Leibesverstopfung der Kühe. Wozu er die Erleichterung schaffende Arznei für das Milchvieh bei seinen Überfällen einstecken hatte, verriet allerdings der Räuberhauptmann nicht.

Es sei dahin gestellt, ob die Hunde mit Krähenaugen oder aber mit einem effektiven Hieb auf den Schädel ausgeschaltet wurden. In der Regel löste diese Aufgabe ein Spezialist, der, seiner Funktion entsprechend, »Hundestruppicht« gerufen wurde. Hatte dieser seines Amtes gewaltet, drang die Bande in das Haus ein. War die Haustür verschlossen, fand sich immer ein Fenster. Schnell wurde das Dienstpersonal überwunden und gefesselt sowie der Hausherr gebunden. Wer sich widersetzte, bekam die derben Räuberfäuste zu spüren. Frauen und Kinder wurden nicht mißhandelt, diese mußten sich mit dem Gesicht zur Wand stellen und durften sich nicht rühren. Johannes Karraseck leitete alle Handlungen mit verstellter Stimme.

Das Haus, in dem Karraseck verhaftet wurde, steht heute noch in Seifhennersdorf.

Da der Räuberhauptmann seine Oberlausitzer gut kannte, war es für ihn kein Problem, das Bargeld aufzustöbern. Sparkassen gab es damals nur in Zittau und in Rumburg, die jedoch wenig genutzt wurden. Jedes einigermaßen wohlhabende Haus verfügte deshalb über eine Barschaft. Das Geld für den Unterhalt der nächsten Zeit wurde ins sogenannte Brothäusel gelegt, das die Oberlausitzer gegen Diebstahl nicht etwa mit einem kräftigen Schloß sicherten. Einem alten Aberglauben entsprechend, legten sie Brot, Stock und Nähnadel neben das Geld, die angeblich Langfinger fernhalten sollten.

Karraseck und seine Genossen hielt diese Vorsichtsmaßnahme keinesfalls zurück, sich des Geldes zu bemächtigen. Sie steckten sogar Brot, Stock und Nähnadel gleich mit ein, vielleicht zur Sicherung der Diebesbeute.

Minderwertiges Geld wurde liegengelassen, so die kaiserlichen Zwölfkreuzerstücke, die sogenannten Gottliebel. Außer Geld ließen sie auch Gegenstände von einigem Wert mitgehen. Allzu Geringes, von Karraseck als »Lumperei« bezeichnet, durfte nicht gestohlen werden, sonst setzte es Prügel. Das Diebesgut wurde in Ranzen und Säcke verstaut und sofort in den nächsten Wald geschleppt. Schlugen die Beraubten während des Rückzuges der Bande Lärm, feuerte Karraseck mit seiner Pistole in die Luft, was immer so viel Eindruck hinterließ, daß die Räuber ohne Hast und ungehindert fliehen konnten.

Nun ging es an die Verteilung der Beute. Auch hierbei war Johannes Karraseck der Meister, was zur Folge hatte, daß er sich stets den Löwenanteil zukommen ließ. Als die Bande eingefangen worden war und in Bautzen verhört wurde, beschwerte sich ein Räuber, daß ihm einmal Karraseck die Elle englischen Tuches mit 12 Groschen, sich selbst aber nur mit 8 Groschen berechnet habe.

Solche Verteilungsmodalitäten hatten naturgemäß des öfteren tätliche Auseinandersetzungen zur Folge. Obwohl Karraseck einen kernfesten Schlag führte, hielten sich seine Raubgenossen keinesfalls schüchtern zurück. Einmal versetzten sie ihrem Hauptmann, nachdem er sie fürchterlich verprügelt hatte, 24 Messerstiche. Trotz allem blieb er immer oben und verstand es, seine Bande zu beherrschen. Neben der Peitsche gebrauchte er dabei das Zuckerbrot als wichtiges Leitungsinstrument. War ein großer Einbruch von Erfolg gekrönt, gab es in der Greibichschenke eine üppige Siegesfeier.

Karraseck mit seinen Kumpanen bei der Teilung der Beute.

Als begabte Führerpersönlichkeit vermochte er auch überzeugend zu argumentieren. Als einmal einer seiner Spießgesellen an der Rechtmäßigkeit seines Schaffens zweifelte, zerstreute Karraseck dessen Skrupel mit den Worten:»Denke nur nicht, daß Stehlen eine Sünde ist. Die Vögel und die Bienen stehlen doch auch, und denen wird nichts übelgenommen. Darum ist es den Menschen auch erlaubt.«

Karraseck war oft dreist genug, am Tage nach dem Einbruch im Kretscham, dem Wirtshaus der betreffenden Ortschaft, einzukehren und dort in Ruhe beim Bier den Eindruck zu beobachten, den der nächtliche Überfall hervorgerufen hatte. Mehrere Male wurde er erkannt und eingesperrt. Offensichtlich hatten die Oberlausitzer aber, Bautzen einmal ausgenommen, keine allzu festen Gefängnisse. Jedenfalls gelang Karraseck stets die Flucht. Wenn man die zeitgenössische Beschreibung des Neusalzaer Ortsgefängnisses liest, war das für den Räuberhauptmann eine leichte Übung: »Das vorhandene Gefängnis ist nicht zu langer Aufbewahrung von Gefangenen eingerichtet, indem der Zugang dazu hinten frei ist und den Gefangenen durch die Luftlöcher von Mitschuldigen sehr leicht Feilen, Meißel und dgl. bei hellem lichten Tag zugesteckt werden können.«

Überhaupt schien der Räuberhauptmann das Licht der Sonne nicht zu scheuen. Er besuchte fleißig die öffentlichen Tanzvergnügen in Leutersdorf, Eibau, Seifhennersdorf und Großschönau. Auf Jahrmärkten spielte er gern den Polizisten und verhinderte das Bestehlen kleiner Händler, wie bereits dargestellt wurde.

Nicht jeder Raubzug der Bande war erfolgreich. Der Hausbesitzer Grohmann aus Gersdorf war vor einem Überfall der Karraseckschen Bande gewarnt worden. Daraufhin verschloß er sein Haus und stellte Wachen auf. Als die Räuber bemerkten, daß sie nicht zu ebener Erde durch die Haustür Eingang finden konnten, holten sie eine Leiter, um durch das Fenster an das Ziel ihrer Wünsche zu gelangen. Hinter dem Fenster hatte der Sohn des Hauses Posto gefaßt. Neben ihm stand der Backtrog mit dem angesetzten Sauerteig für das Brot, das am nächsten Tag gebacken werden sollte. Der erste Räuber zerschlug das Fenster und steckte seinen Kopf in das Gemach, worauf ihm der Sohn den Sauerteig über das Haupt stülpte. Dermaßen eingehüllt, trat der Räuber und mit ihm die Bande eilig den Rückzug an.

Diese historisch verbürgte Begebenheit erzählen die Oberlausitzer noch heute.

Johannes Karraseck wachte scharf darauf, daß bei den Überfällen seine Bande das 5. Gebot nicht übertrat. Töten galt ihm als Todsünde. Um so mehr war er seelisch tief erschüttert, als er in der Hitze der Ereignisse im böhmischen Niedergrund einen Hausbesitzer niederstach, der sich ihm mutig widersetzt hatte. Karraseck bestellte daraufhin in der Pfarre von Niedergrund Messen für das Seelenheil seines Opfers, die er auch pünktlich und bar bezahlte, und zwar mit dem Geld, das er dem Erstochenen abgenommen hatte. So eigenartig es uns heute anmuten mag, für Karraseck war das eine ehrliche religiöse Handlung. Er ging auch regelmäßig nach Rumburg in den Gottesdienst und zur Beichte.

Bislang hatte es Karraseck vermieden, in der unmittelbaren Umgebung auf Raub zu gehen. Die Gefahr, erkannt zu werden, war zu groß. Doch dann plante Karraseck ausgerechnet in Leutersdorf, seinem Stammsitz, einen spektakulären Überfall. Er beschloß, dem wohlhabenden Rittergutsbesitzer und Ortsrichter Glathe einen nächtlichen Besuch abzustatten. Zwar versprach das Unternehmen reiche Beute, mußte aber unweigerlich zur Identifizierung des Räuberhauptmanns und seiner Bandenmitglieder führen. Weshalb ging Karraseck dieses Risiko ein?

Die Akten sagen dazu nichts Konkretes aus. Daß sich Karraseck der Gefahr bewußt war, steht außer Zweifel. Wer über Jahre hinweg die Regeln der Konspiration so beherrschte wie der Räuberhauptmann, der plant ein solches gefährliches Unternehmen nur, wenn ihm einerseits das Wasser bis zum Halse steht und er andererseits einen letzten Fluchtweg sieht. Karraseck wollte Sachsen verlassen und weitab vom Ort seiner Tätigkeit, vielleicht in Prag, neu Fuß fassen. Dazu hatte er sich bereits ein gefälschtes Dokument beschafft, mit dem er ungehindert Böhmen passieren oder auch dort leben konnte. So kann man mit Sicherheit annehmen, daß der Überfall auf das Leutersdorfer Rittergut die letzten Aktion in Sachsen sein sollte. Mit der erhofften Beute glaubte Johannes Karraseck ein neues Leben beginnen zu können.

Rittergutsbesitzer und Ortsrichter Glathe hatte auf seinem Anwesen einen Wächterposten frei. Karraseck gelang es, einen seiner Räuber einzuschleusen, der die vakante Stelle besetzte. Damit

Das Rittergut Glathe in Oberleutersdorf, in dem Karraseck in der Nacht zum 1. August 1800 seinen letzten Einbruch verübte.

war der Bock zum Gärtner gemacht. Als der Spion genug ausgeforscht hatte, vor allem als er wußte, wo das Geld lag, denn es war reichlicher vorhanden, als daß es im Brothäusel untergebracht werden konnte, ging die Bande ans Werk. Diesmal brauchte Hundestruppicht nicht in Aktion zu treten. Und da der Wächter oder besser Räuber alle Schlüssel in den Händen hielt, stand der Erfolg des Überfalls von vornherein fest.

In der Nacht vom 31. Juli zum 1. August schlichen die Räuber durch das geöffnete Rittergutstor, griffen den schlafenden Herrn Glathe und fesselten ihn. Die Beute an Geld war so überwältigend, daß die Räuberbande ernstlich Sorge hatte, sie wegzuschleppen. Karraseck und seine Genossen stopften sich alle Taschen randvoll. Die Taler quollen über und fielen während des Rückzuges zur Erde. Kein Räuber bückte sich, um sie aufzuheben. Es klimperten ja noch massenhaft die Geldstücke in den Säcken.

Die 22jährige Tochter Glathes mußte bleich zusehen, wie die Bande den Familienbesitz aus dem Hause trug. Am Morgen des 1. August rief sie den Richter und Gutsbesitzer von Oberleutersdorf um Hilfe. Als dieser kam, um den Schaden zu besehen, fand er das Haus mitsamt dem Hausherrn in einem äußerst desolaten Zustand. So setzte er sich hin und schrieb an den Oberamtsverwalter des Markgrafentums Oberlausitz und Amtshauptmann zu Bautzen, Herrn von Schönberg, einen Brief folgenden Inhalts: »Ich höre, daß die Spitzbuben Herrn Glathen nächten Abend um 1 Uhr herum sein ganzes Vermögen gestohlen haben, ich bin selbst dorten gewesen heute Früh, es sah ganz traurig aus. Dem angeben nach sollen es 20 und mehr geweßen seyn, Herrn Glathen hatte wollen Feuer Schreien, allein aber beyen ersten mahl Schreien hatten sie die Thüre eingesprenkt, Glathen gleich gebunden, auf eine Lade geworffen, und dann alle Kastel erbrochen, ich meines Erachtens Schätze das Gelt gegen 100 000 Thaler: denn in dem einen Kästchen war lauter Golt gewesen. Glathe weis es eben nicht wieviel, die Diebe waren alle im Gesicht schwartz gewesen, auch nach der Tochter hatten sie geschoßen, und alle Thüren und Gänge wahren besetzt gewesen, etwa 30 Thaler fanden wir heute noch auf der Spuhr so einzeln, die Spuhr geht nach Böhmen, wohl in die armen Häuser zu, Herr Glathe sagte mir heute, ich sollte Sie es schreiben, der ich mit aller Hochachtung harre Euer Hochedelgeborner ergebenster Diener Joh. Chr. Wilh. Schöbel. In größter Eile! Oberleutersdorf, am 1. August 1800.«

Herr von Schönberg beauftragte ein gerade in der Oberlausitz weilendes Kommando Radeberger Dragoner unter Leutnant Zirckel, in Leutersdorf die Ordnung wiederherzustellen. Der Leutnant schickte daraufhin noch am 1. August Wachtmeister Vogel mit 20 Dragonern ins Dorf, die ziemlich energisch, um nicht zu sagen radikal, die Räuber ausforschten und verhafteten.

Im Laufe des Tages fingen sie folgende Bandenmitglieder:
Johann Gottlieb Kühnel, 37 Jahre,
Jakob Köhler, 24 Jahre,
Johann Georg Kessel, 47 Jahre,
Anton Klinger, 30 Jahre,
Gottlieb Neumann, 39 Jahre,
Jakob Engelmann, 43 Jahre,
die Zwillinge Karl August und Christian Friedrich Wessel, 25 Jahre,
Johann Gottlieb Keller, 22 Jahre,
Ignaz Hegenbarth, 18 Jahre.
Karraseck konnte mit seiner Frau und Therese Pietsch, der Geliebten Jakob Köhlers, nach Seifhennersdorf fliehen. Im Hause des Schneiders Lehnert fanden die drei Unterschlupf, konnten sich jedoch nicht lange ihrer Flucht erfreuen. Schon am Abend des 1. August wurden auch sie verhaftet.

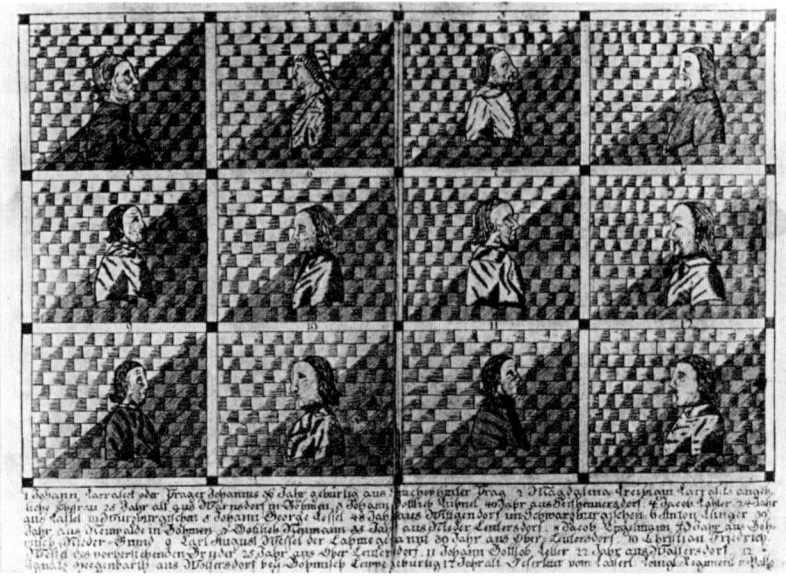

Die Karraseckbande während des Gerichtsprozesses, vermutlich das letzte erhaltene Exemplar der Sepiazeichnung eines Prozeßbeobachters (die Altersangaben stimmen nicht immer mit den Polizeiakten überein) 1 Johannes Karraseck, 36 Jahre, aus Smichow bei Prag; 2 Magdalena Karraseck geborene Greibich, aus Warnsdorf in Böhmen; 3 Johann Gottlieb Kühnel, 40 Jahre, aus Seifhennersdorf; 4 Jacob Köhler, 24 Jahre, aus Kaitel bei Würzburg; 5 Johann Georg Kessel, 48 Jahre, aus Wittgendorf im Fürstentum Schwarzenburg (Thüringen); 6 Anton Klinger, 30 Jahre, aus Neuwalde; 7 Gottlieb Neumann, 35 Jahre, aus Niederleutersdorf; 8 Jacob Engelmann, 43 Jahre, aus Niedergrund in Böhmen; 9 Carl August Wessel, 30 Jahre, aus Oberleutersdorf; 10 Christian Friedrich Wessel, 25 Jahre, aus Oberleutersdorf; 11 Johann Gottlieb Keller, 22 Jahre, aus Waltersdorf; 12 Ignaz Hegenbarth, 17 Jahre, aus Woltersdorf bei Leippe in Böhmen.

Die Dragoner machten ihrem allgemeinen Ruf reichlich Ehre, indem sie herzhaft auf die Räuber eindroschen, um die Verstecke auszuforschen, in denen die Bande das Beutegut verborgen hatte. Allerdings gelang ihnen das nur teilweise. Immerhin konnten sie aber am nächsten Tag in einer Höhle im Rumburger Wald 20 Dukaten in Gold und 900 Taler in Silber sicherstellen. Vom 2. bis zum 7. August hielten die Dragoner Karraseck und seine Genossen im Kretscham zu Leutersdorf gefangen. Aus der näheren Umgebung strömten Schaulustige in Massen herbei, die Karraseck und seine Bande leibhaftig in Augenschein nehmen wollten. Die Dragoner zeigten sich geschäftstüchtig, indem sie pro Person einen Groschen Eintrittsgeld verlangten. Insgesamt nahmen sie über 100 Taler ein. Bedenkt man, daß ein sächsischer Taler 24 Groschen hatte, so müssen etwa 2 500 Sensationshungrige in den fünf Tagen den Leutersdorfer Gasthof besucht haben.

Sicher wurde da bei manchem die Idealvorstellung von einem Räuber zerstört, denn nicht alle Mitglieder der Bande waren wohlgestaltete Hünen. Einer der Gebrüder Wessel hatte eine verkrüppelte Hand, Engelmann fehlte ein Auge, Köhler war fast taub. Ein Räuber hinkte bedenklich, ein anderer hatte nur eine halbe Nase. Die Spitznamen, die Karraseck und seine Raubgenossen führten, entsprachen da schon eher ihrer Profession.

Karraseck selbst wurde Hauptmann, Papa, Prager Hansel oder

Karraseck wird im Oberleutersdorfer Kretscham von Wachmeister Vogel verhört. Nach einer alten Zeichnung. – Kretscham ist in der Oberlausitz die Bezeichnung für die Dorfgaststätte, der Mittelpunkt des Ortes, wo früher auch Gericht gehalten wurde.

kurz Prager gerufen. Andere Titulierungen lauteten Krebsjunge, lahmer Fritz, Rotkopf, Wetzsteinkarl, schwarzer Richter, kleiner Hahn, Dachmarder und Krahans. Den Bautzner Karl und den Hundestruppicht kennen wir bereits.

Im Leutersdorfer Kretscham kam es zu herzzerreißenden Szenen, vor allem dann, wenn ehrbare Familien unter den Räubern ihre Angehörigen entdeckten. So fiel der Gerichtsbeisitzer Wessel besinnungslos auf die Erde, als er unter der Bande seine beiden Zwillingssöhne erkannte.

Am 7. August 1800 brachte das Militärkommando die Räuber nach Bautzen in die Fronfeste. Auch das wurde zum öffentlichen Spektakel: »Zwey Dragoner zu Pferde mit blanken Säbel, welche sie dazwischen hielten, führten in jeder Reihe die Räuber paarweise in der Mitte.« Karraseck und sein Weib führten den Zug an. Als die Zuschauer gar zu aufdringlich wurden, rief der Räuberhauptmann: »Hat man denn in dem verfluchten Neste noch keinen Chapeau mit einer Dame gehen sehen?«

In Bautzen wurden die Räuber intensiv verhört. Nach und nach gestanden sie ihre Verbrechen. Nur Johannes Karraseck leugnete standhaft. Er nannte seine Genossen »Lügensäcke, die alles auf mich abwälzen wollen«, und bezeichnete sie als »Diebsgesindel, das im Gefängnis sein Brot hat und draußen nicht arbeiten will«.

Manchmal verhaspelte er sich im Gestrüpp der Lügen. Einerseits gab er vor, seine Raubgenossen nicht zu kennen, andererseits rühmte er sich moralischer Ratschläge, die er ihnen »vorher schon« gegeben habe.

Neben dem Geständnis, wann, wo und wie eingebrochen wurde, gaben die Räuber auch an, was sie alles gestohlen hatten. Daraus lassen sich Vorlieben der einzelnen Bandenmitglieder für die Art der Beute ablesen:

Johannes Karraseck liebte Geld und Waffen. Auch besseren Kleidungsstücken war er zugetan.

Gottlieb Neumann hatte wohl immer großen Hunger, er stahl gern Nahrungsmittel. Beim Einbruch in Niederoderwitz trieb er sogar einige Schweine mit sich fort.

Der Bautzner Karl erfreute sich besonders an Uhren. Ein anderer Räuber war ein treusorgender Vater, der für sein Kind Wäsche und Kleidung herbeischaffte.

Karraseck als Gefangener. Anonyme Bleistiftzeichnung, getuscht, 1803.

Gern gestohlen wurden von der Bande darüber hinaus Stoffe, Garne, Kannen, Tassen und Töpfe. Für die Feste in der Greibich-schänke waren Fische stets eine willkommene Beute.

Die Untersuchungen gegen Johannes Karraseck und seine Bande zogen sich über ein Jahr hin. Sorgfältig wurden die Verbrechen der Räuber ausgeforscht und aufgeschrieben. Das daraus entstandene Aktenmaterial umfaßt 25 Bände in Folioformat.

Fünfzehn Advokaten verteidigten die Delinquenten. Sie gingen mit einer Hingabe ans Werk, die nach Gründen fragen läßt. War es die aufgeklärte bürgerliche Gesinnung der Verteidiger, oder war es die gute Bezahlung durch Genossen Karrrasecks, die nicht einge-fangen worden waren?

Auf alle Fälle versuchten die Anwälte, ihre Mandanten weitge-hend zu entlasten, indem sie als die eigentlichen Wurzeln des Übels die Kriege zwischen Österreich und Frankreich, die Verrohung der Räuber durch den Dienst im Militär, die Geistesarmut der Banden-mitglieder sowie deren diebische Verwandtschaft herausstellten.

Die Verteidiger bezogen sich auf Schriften von Carpzow, Rous-seau, Kant, Hegel, Wilhelm von Humboldt und Goethe, die sie zugunsten Karrasecks auslegten. Außerdem hatten sie eine

Das von der Karraseckbande bedrohte Waltersdorf im Zittauer Gebirge, um 1830.

Schwachstelle in der damals noch geltenden »Carolina«, der Halsge-
richtsordnung Kaiser Karls V., entdeckt, die den Begriff des Raubes
nicht kennt, sondern nur den Ausdruck »boshafter Räuber«. Damit
machten sie es dem Gericht schwer, die Verbrechen Karrasecks und
seiner Bande juristisch exakt einzustufen. Resignierend schrieb der
sächsische Oberamtshauptmann Kiesewetter: »Bei dem Schweigen
der Gesetze beruht die Hauptschwierigkeit hierbei wohl in der festen
Bestimmung eines Begriffes für den gewaltsamen Angriff, welcher
ganz ungezweifelt das unterscheidende Merkmal gegen den gemein-
samen und gefährlichen Diebstahl und den Raubmord ausmacht.«

Trotzdem schloß das Bautzner Gericht im Sommer des Jahres
1801 die Untersuchung ab und schickte die Akten an die Juristische
Fakultät der Wittenberger Universität. Diese bestimmte am 11. September 1801 für alle männlichen Gefangenen den Tod durch das
Rad. Zur Strafverschärfung sollten sie zur Richtstätte geschleift und
nach der Hinrichtung den »anderen zur Abscheu« auf das Rad
geflochten werden. Nur Ignaz Hegenbarth war ob seiner Jugend von
der Strafverschärfung ausgenommen. Die beiden Frauen wurden zu
fünf Jahren Kerker verurteilt.

Die Verteidiger legten gegen diese Urteile Berufung ein. Auf
direkten Befehl des Kurfürsten Friedrich August III. wurde der
Schöppenstuhl zu Leipzig mit der Prüfung des Wittenberger Urteils
beauftragt. Während sich die Leipziger Juristen mit der Berufung
beschäftigten, flohen Christian Friedrich Wessel und Gottlob Keller
aus dem Bautzner Gefängnis. Sie wurden nicht wieder eingefangen.
Ihre Spur verliert sich im Dunkel der Geschichte. Auch Johannes
Karraseck bereitete seine Flucht vor. Als die Büttel der Fronfeste
davon Kunde bekamen, schmiedeten sie den Räuberhauptmann mit
drei eisernen Ketten an einen kräftigen Stein.

Ein Zeichen dafür, daß nur ein Teil der Karraseckschen Bande
eingefangen worden war, sind die Brand- und Drohbriefe, die in verschiedenen Ortschaften der Oberlausitz gefunden wurden. Ihr
Inhalt verkündete in orthographischer und stilistischer Einfalt Terror. Die Briefe sollten wohl Karraseck Schützenhilfe leisten, indem
sie das Gericht zur Vorsicht mahnten und Nachsicht forderten.
Wahrscheinlich war der Autor dieser Briefe Räuberhauptmann
Palm, der zeitlebens glücklicher als sein Kollege Karraseck war und
einer innigen Bekanntschaft mit dem Kerker entging.

Brandbrief Karrasecks gegen Waltersdorf im Zittauer Gebirge: »Einfältig genug und kühn ist das von Dir Du verwegenes Waltersdorf, daß Du Dich so erhebst und willst so Deinen Stolz perfide recht sehen lassen, das ist uns lächerlich als rechtsgelehrte Diebe, wir resolvieren das zweite Mal an Dich Du hochmütiges Waltersdorf, daß wir Dich mitsamt Deiner rotjackenen Sachsen gleich heute Nacht beisuchen werden, aber betest auch, es wird nicht richtig werden, Ihr werdet's mit Schmerzen erfahren, es ist festgesetzt ohne Ängste bleiben, daß wir Waltersdorf schinden werden trotz euch bei Teufels Namen.« – Nach der Verhaftung Karrasecks wurden an verschiedenen Orten solche Drohbriefe gefunden, die denen galten, die zur Ergreifung der Räuber beigetragen hatten. Dieser Brandbrief war wahrscheinlich mit Blut geschrieben.

Am 24. Mai 1802 fällte der Schöppenstuhl zu Leipzig seine Urteile. Diese milderten den Wittenberger Rechtsspruch. Die Räuber sollten durch den Strang vom Leben zum Tode gebracht werden, ausgenommen Ignaz Hegenbarth, der zu acht Jahren Zuchthaus verurteilt wurde. Für die beiden Frauen bestimmten die Schöppen zwei Jahre Freiheitsentzug.

Nach nochmaligem Einspruch der Verteidiger wandelte der Kurfürst die Todesstrafen in lebenslängliche Haft im Festungsbau zu Dresden um. Hegenbarth wurde nur noch mit vier Jahren Freiheitsentzug bedacht. Er saß seine Strafe in Zittau ab.

Jakob Köhler kam ins Zuchthaus Waldheim und sollte zu harter Arbeit angehalten werden. Bald verließ er aber aus eigenen Stücken das gehaßte Haus, floh nach Schlesien, betrieb dort sein illegales Handwerk weiter, wurde schließlich eingefangen und in Breslau hingerichtet.

Johannes Karraseck und die anderen Bandenmitglieder brachte man am 4. September 1803 nach Dresden in die Kasematten hinter dem sogenannten Salomonistor, dessen Grundmauern heute vom Rathausplatz bedeckt werden. Tagelang sprachen die Dresdner von nichts anderem als von ihren neuen Mitbürgern. Wenn sonntags die katholischen Sträflinge aus dem Festungsbau heraus zum Gottesdienst geführt wurden, drängten sich die Massen, um den berühmten Räuberhauptmann Karraseck zu sehen.

Teil der Dresdner Festungswerke: die Bastion Jupiter mit dem bereits 1552 zugemauerten Salomonistor, in der sich rechts die Kasematten der Baugefangenen befanden. Sie stand etwa auf der Fläche des heutigen Parkplatzes vor dem Goldenen Tore des Rathauses.

Der sich an die Bastion Jupiter anschließende Baugefangenenhof, rechts das Wohngebäude der Bauaufseher.

Welches Bild da zu erblicken war, erfahren wir von Ludwig Richter, dem bekannten Maler, der als Kind die Festungsgefangenen zwar erst nach dem Tode Karrasecks sah, diesen aber ausdrücklich in seinen »Jugenderinnerungen« erwähnt und in die Beschreibung der Sträflinge einbezieht: »Sie hatten Jacken und Hosen halb hell, halb dunkel gefärbt, wie die Galeerensträflinge, sehr schwere Fußeisen mit einer Kette und einige der schwereren Verbrecher auch eiserne Hörner an einem Halseisen, welche hoch über den Kopf hinausragten und das Schlafen sehr erschweren mochten. Der berüchtigte böhmische Räuberhauptmann Karraseck war erst vor wenig Jahren gestorben und hatte in diesen finsteren Kasematten sein elendes Leben beschlossen. Er wurde des Nachts – so ging wenigstens die Sage – alle halbe Stunden geweckt, zur Verschärfung der Strafe.«

In den ersten Jahren seiner Haft profilierte sich Karraseck zu einer der bedeutsamsten Sehenswürdigkeiten der sächsischen Residenzstadt. Viele der nach Dresden kommenden Reisenden ließen sich vom Profos des Festungsbaues den Räuberhauptmann vorführen, dem das natürlich mit der Zeit zuwider werden mußte und der sich selten höflich zeigte, was seinen Ruf von Wildheit und Grausamkeit nur befestigte. Wie weiland die Dragoner im Leutersdorfer Kretscham soll der Profos mit dem Vorzeigen Karrasecks nicht schlecht verdient haben.

Es gab mehrere Versuche, Karraseck zu befreien. Im Jahre 1805 erzeugten einmal zwei Männer, sicher zwei Komplizen des Räuberhauptmanns, auf der Arbeitsstätte der Baugefangenen einen Tumult, in dem Karraseck trotz seiner schweren Eisenfessel fliehen konnte. Er hatte schon einen gehörigen Abstand zwischen sich und seine Häscher gebracht, als ihn die Kräfte verließen und er wieder ergriffen wurde.

Die Festungsverwaltung antwortete auf diesen Fluchtversuch mit aller Härte. Karraseck bekam stärkere und schwerere Fesseln angelegt, nachts wurde er mit eisernen Banden auf seiner Pritsche ange-

Karraseck
als Baugefangener,
vermutlich in den
Dresdner Kasematten.

schlossen. Jede Arbeit außerhalb der Kasematten wurde ihm untersagt, und für den Rest seines erbarmungswürdigen Daseins bestand seine Verpflegung nur noch aus Wasser und Brot.

Diese Tortur hielt Johannes Karraseck vier ganze Jahre aus, bis er an inneren Leiden am 14. September 1809 starb.

Fast wäre Karraseck kurz vor seinem Tode von der österreichischen Armee aus dem Dresdner Festungsbau befreit worden. Als diese nämlich im Kriege gegen Frankreich vom 14. bis 21. Juli 1809 Dresden besetzt hielt, suchte sie im Festungsbau nach gefangenen Landsleuten aus Böhmen und Österreich, um sie in die Truppe einzureihen und dadurch vorhandene Lücken zu füllen. Dergestalt wurden aus 42 Baugefangenen österreichische Soldaten. Unter ihnen befand sich Karrasecks Raubgenosse Anton Klinger, der die napoleonischen Kriege überlebte und danach als freier Mann in sein Heimatdorf zurückkehrte. Er war das einzige Bandenmitglied, das die Dresdner Kasematten lebend verließ.

Den Johannes Karraseck befreiten die Österreicher nicht von seiner Pritsche. Der kranke Mann war kriegsuntauglich. Dabei wäre der Räuberhauptmann zum ersten Male bestimmt freudig unter die österreichische Fahne getreten.

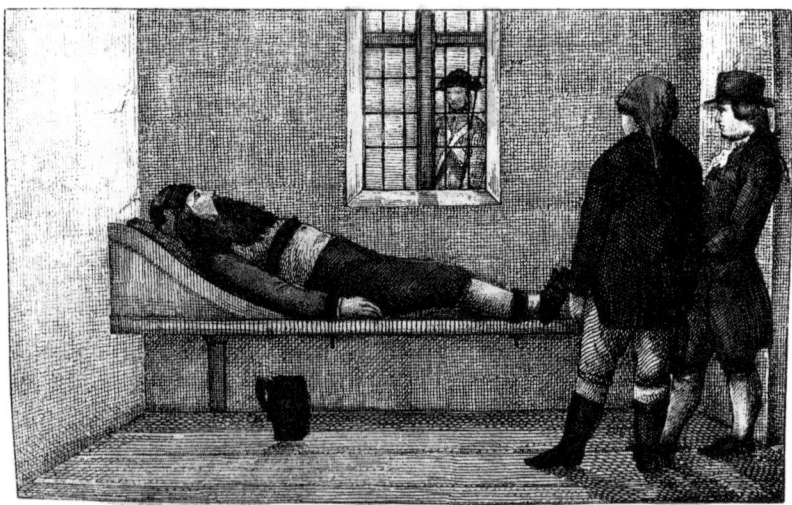

Nach seinem Fluchtversuch aus der Dresdner Festung wurde Karraseck nachts mit Eisen an seine Pritsche angeschlossen.

Die Jahre nach Karrasecks Tod brachten für Deutschland und insbesondere für Sachsen mit der Oberlausitz ständige Truppenbewegungen, Einquartierungen und Kriege. Was im Gefolge dessen von fremden Soldaten verzehrt, gestohlen und aus der Bevölkerung herausgepreßt wurde, stellte die Raubzüge der Räuberbande Karrasecks weit in den Schatten.

Und weil im Menschen immerfort das Sehnen nach Harmonie, Gerechtigkeit und Glück wohnt, sahen die Oberlausitzer mit der Zeit die Untaten Karrasecks immer kleiner, die freundlichen Seiten des geschundenen Räuberhauptmanns dafür immer größer. So entstanden Geschichten um Karraseck, die von Mund zu Mund weitererzählt wurden und bald zum Volksschatz der Oberlausitz gehörten.

Bald gab es neben der Höhle im Rumburger Wald eine ganze Anzahl von Karraseck-Höhlen, in denen die Räuberbande gehaust und ihre zusammengeraubten Schätze versteckt haben soll. Im Hofebusch bei Spitzkunnersdorf und Hainewalde, am Hahneberg bei Beiersdorf, am Kux in Ebersbach, auf der Quetsche bei Seifhennersdorf und auch am Oybin wurden solche Höhlen vermutet. Von letzterer berichtet eine Sage, die der bekannte Sammler sächsischer Sagen, Otto Schöne, aufgeschrieben hat: »Der Karraseckschatz. In einer ›Felsklunze‹, d. h. einem Felsenspalt, an der östlichen Seite des Oybinberges, soll der berüchtigte Räuberhauptmann Karraseck einen großen Teil seiner zusammengeraubten Schätze verborgen haben. Sie liegen noch heute dort, weil Karraseck sie infolgen seiner Gefangennahme nicht mehr holen konnte. Der Volksmund spricht von vierzigtausend Talern, die hier noch gefunden werden könnten. Ein ausgehauenes Schiff und Anker oder ein Kopf sollen die Stelle bezeichnen, die indessen trotz allen Suchens noch niemand gefunden hat.«

Viel zur ehrenden Erinnerung an den Räuberhauptmann trug Gustav Berthold mit seinem 1852 in Löbau erschienenen Buch »Johannes Karraseck, der Räuberhauptmann« bei, das sich zwar weit von der historischen Wahrheit entfernte, aber die damalige Mentalität der Oberlausitzer gut traf. Vor allem wirkten die kolorierten Lithographien des Buches für die allgemeine Beliebtheit des Räuberhauptmanns.

Als dann die sächsischen Puppenbühnen das Bertholdsche Buch adaptierten, kamen Johannes Karraseck und seine Räuber in die

Dörfer, als Marionetten zwar, aber doch leibhaftig, und die Ober-
lausitzer konnten sich mit ihrem Räuberhauptmann identifizieren.
Seine Freude stimmte auch sie froh, sein Leid traf ihre Herzen.
Und so wurde Johannes Karraseck einer der Ihren.

LITERATURHINWEISE
Auszug aus dem Leben des berüchtigten Räubers Karraseck's in der
Oberlausitz, Dresden 1803.
Berthold, Gustav: Johannes Karraseck, der Räuberhauptmann, Löbau
1852
Zesch, M.: Der Prozeß gegen den Räuberhauptmann Joh. Karraseck und
seine Genossen (1801–1804). Ein Stück Lausitzer Kulturgeschichte,
Großschönau i. S. 1905.
Staatsarchiv Dresden: Acta, Aufsuch-, Entdeck- und Bestrafung des
Diebs- und Räuber- auch anderen luderlichen Gesindels in dem
Markgrafentume Oberlausitz betr., de Anno 1800 bis 1803. Vol. VIII, 6059
(1800 bis 1803).

Der Schwarze Scholig
und die Räuber von der »Fichtelschänke«

Eine um 1812 erschienene Schrift berichtete über die letzte Hinrichtung auf dem Burkersdorfer Viebig in der Nähe von Großhennersdorf bei Herrnhut in der Oberlausitz: »Zween Missethäter Joh. Christ. Scholig und Joh. Friedr. Pezold werden den 28sten Oktober 1808 zu Groß-Hennersdorf durch den Strang vom Leben zum Tode gebracht.«

Scholig und Pezold waren die Anführer einer Räuberbande, die besonders in den Jahren 1806 und 1807 in der näheren und weiteren Umgebung von Großhennersdorf ihr Unwesen trieb. Sie ist keineswegs so bekannt geworden wie beispielsweise die Bande von Karraseck oder die des Böhmischen Wenzel. Das mag einmal an der kürzeren »Wirkungszeit« und dem wesentlich geringeren Radius ihrer

Von Johann Christian Scholig und Johann Friedrich Pezold sind keine bildlichen Darstellungen überliefert. In dem Festumzug zur 750-Jahr-Feier von Bernstadt 1984 war auch die Räuberbande von der Fichtelschänke vertreten. Links vorn der Schwarze Scholig, rechts Pezold.

Großhennersdorf

räuberischen Aktivitäten gelegen haben. Andererseits waren Scholig und Pezold keine solchen Persönlichkeiten wie ihre berühmten Zeit- und Zunftgenossen.

Wurden diesen trotz ihrer Räuberei ein freundliches, höfliches Betragen und angenehme Manieren nachgesagt, so waren Scholig und Pezold von anderer Wesensart. Die beiden Räuber müssen hartgesottene Burschen gewesen sein, die vor dem Leben anderer wenig Respekt hatten und nicht einmal angesichts des eigenen Todes Reue zeigten. Als sie in Anwesenheit einer großen Menge Schaulustiger unter dem Galgen standen, sollen sie bis zur letzten Minute die Richter und den Geistlichen beschimpft haben. Letzterem hätten sie empfohlen, sich doch mit hängen zu lassen, wenn es im Himmel so schön sei.

Das gewaltsame Ende der beiden »Missethäter« Scholig und Pezold ließ die wohlhabenden Bauern der Umgebung aufatmen. Den einfachen Leuten galten sie und ihre Kumpane wohl nur als zwielichtiges Gesindel, welches die Gegend unsicher machte und die Beute ausschließlich in die eigenen Taschen fließen ließ. Sie hatten die Räuber auch nicht zu fürchten, denn sie besaßen nichts, was sich zu stehlen gelohnt und die Diebe in ihr Haus gelockt hätte.

Das Stammlokal der Bande war die zu Niederrennersdorf gehörende Fichtelschänke, welche an der von Bernstadt nach Zittau

134

führenden Landstraße liegt. Das Haus steht noch, wurde aber umgebaut und dient heute als Wohnhaus.

Nicht weniger als 14 Kumpane zählte die Bande des »Schwarzen Scholig«, wie der eine der gerichteten Anführer wohl seines Aussehens wegen genannt wurde. Aus den Akten kennen wir ihre Namen und Wohnorte, über ihre Lebensumstände, Charaktere und Motive wissen wir nur wenig.

Die Zusammensetzung der Bande war typisch für diese Zeit. Wir finden neben Landstreichern und Hausierern auch einen Gastwirt, der aber nicht wie so oft nur Hehler war, sondern selbst an Überfällen teilnahm. Auch ein desertierter Musketier gehörte zur Mannschaft. Scholig selbst hatte die Armee auf dem gleichen Weg verlassen. Nicht ungewöhnlich war es auch, daß z. B. die Bandenmitglieder Stöcker und Geisler in Neundorf angesehene Bürger waren und durchaus nicht zu den Ärmsten zählten. Niemand traute ihnen zu, mit derartigen Dingen zu tun zu haben, wie sie in der nächsten Zeit geschehen sollten.

Auch eine Frau gehörte zur Bande. Sie war das, was man gemeinhin als »Räuberbraut« bezeichnet. Sie war noch dazu nicht nur einem Räuber zugetan, sondern stand in der Gunst beider Anführer. Die Wirren dieser Dreiecksbeziehung trugen vermutlich auch dazu bei, daß die Raubzüge der Bande ein so jähes Ende fanden.

In den Überlieferungen zur Bande von der Fichtelschänke sind Dichtung und Wahrheit eng verwoben, manche Episode mag die Phantasie der Erzähler ausgeschmückt haben. Da aber in den Berichten auf die Akten des Patrimonialgerichts Großhennersdorf Bezug genommmen wird, sind sie ohne größere Bedenken in Betracht zu ziehen. Die Akten selbst sind derzeit nicht zugänglich, bestimmte Fakten können deshalb nicht überprüft werden. Dennoch soll der Versuch unternommen werden, die Ereignisse um Scholig und seine Bande zu rekonstruieren.

In den Oktobertagen des Jahres 1806 verschlug es einen Müllergesellen namens Johann Friedrich Pezold in die Oberlausitz. Es war kein Zufall, daß er gerade in diese Gegend kam. Er hatte schon einmal hier Station gemacht, als er um das Jahr 1803 herum als Müllerbursche umherzog. Damals hatte er beim Bau der heute noch existierenden Windmühle in Neundorf geholfen und als Bursche in derselben gearbeitet. Der Neundorfer Müller war seinerzeit von der

Das Bauerngut links neben der Mühle wurde zweitweise vom Mühlen-
besitzer mit betrieben.

Die Windmühle in Neundorf, Ortsteil von Großhennersdorf. Die Mühle
wurde um 1804 von dem dortigen Müller neu errichtet, wobei Pezold als
Müllerbursche mitwirkte. Historisches Foto mit der Frau des Mühlen-
besitzers Ernst Gustav Günther, der die Mühle 1892 erworben hatte.

Die Neundorfer Mühle, kurz nach
1954 gezeichnet. Bis 1949 hat sie noch
Mehl gemahlen, bis 1954 geschrotet.

Die verfallene Mühle wurde
1992 abgerissen, 1993 wurde
mit dem Neuaufbau begonnen.

Tüchtigkeit seines neuen Gehilfen angetan, gleichzeitig sollen ihm aber die engen Beziehungen mißfallen haben, die Pezold zur schönen Anna Marie Böhmer unterhielt. Die »Böhmerin« aus Neundorf war eine junge Witwe, deren Lebenswandel den Dorfbewohnern ständig Anlaß zu übler Nachrede gab. Man warf ihr vor, daß in ihrem Haus die jungen Männer der Umgebung ein und aus gingen und daß sie ihren Mann durch ihr »übles Betragen bei Zeiten unter die Erde gebracht« hätte. Ihre beiden Kinder, der Sohn war damals etwa 11 Jahre, das Mädchen 10 Jahre alt, lebten seit dem Tod des Vaters bei einem Verwandten. Die Mutter kümmerte sich kaum um sie.

Als es der schönen Anna wegen zum Streit zwischen dem Müller und seinem Burschen gekommen war, hatte Pezold die Mühle verlassen und sich bei einem Zimmermeister verdingt. Der aus Großwirschwitz bei Herrnstadt in Schlesien stammende Pezold (wegen der Nähe seines Geburtsortes zum ehemaligen Polen wurde er auch der Polak genannt) war dann 1805 als Bäckerknecht in eine Feldbäckerei der Preußischen Armee gegangen. Nach seiner Entlassung aus dem Militärdienst zog er in seine alte Heimat nach Schlesien. Nach Aussagen der Böhmerin soll er schon dort Bekanntschaft mit Johann Christian Scholig geschlossen haben.

Dessen wirklicher Name ist nie festgestellt worden, die späteren gerichtlichen Untersuchungen ergaben nur, daß seine Papiere allesamt gefälscht waren. Er selbst nannte sich Christian Scholig, dieser Name stand auch in dem falschen Paß, den er bei sich hatte. Nach der von dem Justitiar zu Dommitsch eingegangenen Nachricht soll er Becker geheißen haben. Von seinen Kameraden ist er Brückner oder auch Töpfer genannt worden. Ersteres hat er dahin erklärt, daß er, weil er in Brieg in einer Mühle gearbeitet hatte, der Briegner genannt worden sei. Der letztere Name ist ihm wegen seines Handels mit Bunzlauer Töpfergefäßen beigelegt worden.

Scholig – oder wie immer er hieß – soll zur Zeit der hier geschilderten Ereignisse 49 Jahre alt gewesen sein. Nach eigenen Angaben wurde er in Sorau in der Niederlausitz als Sohn des dortigen Müllers geboren. In früher Kindheit zog die Familie nach Schlesien. Mit 17 Jahren erlernte Scholig ebenfalls das Müllerhandwerk. Mit einem Infanterie-Regiment marschierte er 1792 nach Frankreich. Auf dem Rückweg desertierte er und wanderte in der Folgezeit durch Sachsen und Schlesien, wo der Raub zu seiner Profession wurde. Ob sich

Pezold schon in Schlesien der Bande Scholigs angeschlossen hat, ist nicht belegt, aber wahrscheinlich.

Nach seiner Rückkehr in die Oberlausitz um Michaelis 1806 nahm er wieder Quartier bei der schönen Böhmerin in Neundorf. Er setzte ihr einen Beutel mit 150 Talern auf den Tisch und behauptete, dies sei das Erbteil seiner Großmutter, die in Großwirschwitz verstorben wäre. Vor Gericht wurde nie geklärt, ob dieses Geld ebenfalls geraubtes Gut war.

Die Herkunft des Geldes schien der Böhmerin ohnehin das wenigste Kopfzerbrechen zu bereiten, sie war eher an Nachschub interessiert. Schon oft hatte sie gegenüber Pezold über Geldsorgen geklagt. Ob es den Tatsachen entspricht, daß sie vom Treiben der Scholig-Bande in Schlesien gehört und ihn, die reichen Bauern der Umgebung im Visier, herbeigewünscht hatte, bleibt eine nicht zu beweisende Vermutung. Sicher ist, daß kurz nach Pezolds Rückkehr auch Scholig in die Neundorfer Gegend kam, in der Fichtelschänke Quartier nahm und einen Handel mit Bunzlauer Töpfergefäßen begann. Mit Gewißheit sollte dies weniger seinen Lebensunterhalt sichern, als ihm den Schein eines ehrbaren Erwerbs geben.

Sein Einzug in die Fichtelschänke verschaffte Pezold die Bekannt-

Niederrennersdorf. Postkarte von 1900.

Die Fichtelschänke in Niederrennersdorf. Postkarten vom Anfang des Jahrhunderts.

Fichtelschänke Rennersdorf b. Herrnhut. Beliebter Ausflugsort.

schaft mit deren Wirt Johann Heinrich Reimann. Dieser ergänzte das Trio Scholig, Pezold und die Böhmerin in vortrefflicher Weise.

Reimann wurde als ein Mann in den besten Jahren beschrieben, rauh und hitzig. Das Arbeiten soll er nicht erfunden haben. Statt dessen war er ein Erzgauner im Kartenspiel und verbrachte mehr Zeit am Spieltisch als hinter dem Tresen. Seine Frau soll ihm, was die Faulheit betraf, nicht nachgestanden haben. Reimanns Kumpane beim Spiel waren Michael Stöcker und Georg Geisler aus Neundorf und Gottfried Hentschel aus Mitteloderwitz, sicher keine geringeren Falschspieler.

Da auch Pezold sehr oft in der Fichtelschänke anzutreffen war, fand sich dort eine illustre Gesellschaft zusammen. Zu ihnen gesellten sich noch der Müllerbursche Johann August Neumann aus

Fichtelschenke. Rennersdorf bei Herrnhut

Marklissa, welchen Scholig bereits in Schlesien kennengelernt hatte, und der Musketier Johann Gottlob Elsner, ein Deserteur. Weiterhin gehörten zur Bande die Brüder Gottlob und Gottlieb Hirt aus Schönbrunn bei Görlitz, Johann Georg Kiesling aus Eibau sowie zwei etwas später dazugestoßene Männer aus Görlitz namens Krüger und Hillmann. Über die Berufe dieser Männer ist uns nichts bekannt.

So hatte sich Ende Dezember 1806 eine Bande aus 14 Personen versammelt, die in den langen Winternächten Streifzüge in die nähere und weitere Umgebung unternahm, um zu stehlen und zu rauben.

Die Möglichkeit, günstige Gelegenheiten für Einbrüche auszukundschaften, hatte vor allem Scholig bei seinem Handel mit Geschirr. Er zog von Haus zu Haus und konnte sich dabei nach dem Wohlstand der Leute umsehen. So geschah es nicht selten, daß er da, wo er am Tage Handel getrieben hatte, in der folgenden Nacht mit seiner Bande einbrach. Man hatte ihn ob seiner Erfahrungen und seiner Waghalsigkeit zum Anführer gemacht.

Aber auch Anna Böhmer gab so manch guten Hinweis, wo etwas zu holen war. Sie bemühte sich überhaupt, der Bande von Nutzen zu sein, und sie fuhr dabei nicht schlecht. Vor allem war es Pezold, der seine Geliebte bestens versorgte. Aber auch Scholig hatte mehr und mehr Gefallen an der schönen Anna gefunden. Als Pezold im Dezember 1806 für kurze Zeit die Oberlausitz verließ, tröstete Scholig die Böhmerin mit seinen Besuchen und begann so den Keim für den Zwist zwischen sich und Pezold zu legen.

Die Eulmühle, an der Petersbach zwischen Herrnhut und Großhennersdorf gelegen, in welche die Bande am 4. Januar 1807 einbrach. Das Hauptgebäude im Hintergrund ist wahrscheinlich erst nach Scholigs Zeit entstanden.

Mit der Rückkehr Pezolds nahmen die Einbrüche an Häufigkeit wieder zu. Der Januar 1807 war wohl der ertragreichste, aber auch verhängnisvollste Monat für die Räuber von der Fichtelschänke. Die Überlieferungen berichten in aller Ausführlichkeit über die einzelnen Unternehmungen und stimmen in vielen Details überein.

Zu Beginn des Jahres 1807 hatte die Bande bei einer geheimen Versammlung in der Fichtelschänke beschlossen, in der Nacht zum 4. Januar einen Einbruch in der sogenannten Eulmühle zu verüben. Es war bekannt, daß der Müllermeister Gottlieb Donix sehr wohlhabend war, er war zur damaligen Zeit Innungsmeister der Müllerzunft. Seine Mühle in Euldorf lag einsam an der Petersbach zwischen Herrnhut und Großhennersdorf, abseits von der Hauptstraße.

Gegen Mitternacht kam die Bande bei der Mühle an. Um durch das Kellerloch ins Haus zu gelangen, brachen Elsner und Neumann Steine aus dem Mauerwerk, Stöcker und Geisler standen Wache. Als die Öffnung groß genug war, stiegen Scholig und Elsner in das Haus ein und machten sich an ihr nächtliches Handwerk. Vom unverschlossenen Keller gelangten sie ins Mühlhaus, wo ihnen einige Säcke mit Mehl, ein Fäßchen mit Branntwein und mehrere Stücke Butter in die Hände fielen. Da die Eingänge zur Treppe und zur Stube verschlossen waren, ließen sie es bei dieser Beute bewenden. Niemand im Haus hatte etwas gehört, die Spitzbuben luden ihre Beute auf des Müllers Handwagen und verschwanden im Dunkel der Nacht.

Lange gab sich die Bande mit diesem erfolgreichen Unternehmen nicht zufrieden. Schon wurde ein neuer Einbruch geplant, diesmal beim Bauern Gottfried Haschke in Großhennersdorf. In der Nacht zum 13. Januar begaben sich sieben von Scholigs Männern mit ihrem Anführer zum Gehöft des Bauern. Durch ein kleines Fenster zu ebener Erde gelangten sie ins Haus. Ihr Ziel war diesmal die Feueresse, denn Anna Böhmer hatte ausgekundschaftet, daß Haschke dort eine ganze Menge Rind- und Schweinefleisch zum Räuchern aufgehängt hatte. Während ein Teil der Bande das Fleisch aus dem Rauchfang nahm und zum besseren Transport in Säcke verpackte, ließen die

Großhennersdorf um 1830.

143

übrigen weitere, nicht näher beschriebene Gegenstände aus dem Wohnzimmer mitgehen. Das alles geschah, ohne daß jemand im Haus erwachte. Warum die Wachhunde nicht anschlugen, läßt sich nicht erklären. Einen Hinweis darauf, daß sie vielleicht getötet wurden, gibt es nicht. Ein Teil der Beute wurde nach Neundorf zur Böhmerin gebracht, die Säcke mit dem Fleisch zum Verteilen in Geislers Wohnung geschafft.

Danach traf man sich zu einem Zechgelage in der Fichtelschänke. Die Vorstellung, welches Gesicht Haschke am nächsten Morgen wohl machen würde, wenn er statt des Geräucherten den blauen Himmel im Rauchfang sehe, muß die Bande ungemein erheitert haben. Jedenfalls begab sich der Fichtelwirt am nächsten Tage zu dem Bauern unter dem Vorwand, Stroh kaufen zu wollen. Haschke wies ihn kurz ab, ebenso erging es Scholig, der mit seinen Töpferwaren auf Erkundungsgang erschienen war. Wahrscheinlich wollte Haschke nichts von dem nächtlichen Überfall an die Öffentlichkeit dringen lassen; der reiche Bauer fürchtete wohl nicht zu Unrecht die Schadenfreude der Dorfbewohner, ebenso den Spott darüber, daß alle geschlafen und keiner etwas gehört hatte.

Das Amtshaus von Bernstadt, in das die Bande am 15. Januar 1807 vergeblich einzubrechen versuchte.

Bernstadt um 1820.

Die erfolgreichen Unternehmungen schienen die Bande übermütig werden zu lassen, denn schon bald schlug Reimann vor, in das Amtshaus im nahe gelegenen Bernstadt einzubrechen. Wahrscheinlich war dies ein besonders reizvolles Objekt, weil hier in erster Linie Geld zu holen war. Allerdings war es auch eine besonders gewagte Sache, da es hier nicht um privates Eigentum ging und das Haus gut gesichert war. Dem Fichtelwirt kam diesmal eine besondere Rolle zu, denn er kannte die Räumlichkeiten. Schon öfter hatte er geschäftlicher Dinge wegen dort erscheinen müssen.

Geisler und Stöcker hingegen war das Unternehmen zu riskant, sicher auch eingedenk des guten Rufes, den sie immer noch hatten. Sie wurden als Feiglinge beschimpft, denn mangelnde Habsucht konnte man den beiden sicher nicht vorwerfen. Sie hielten sich jedenfalls abseits und nahmen auch an weiteren Einbrüchen nicht mehr teil. Das wurde ihnen später während des Prozesses angerechnet, sie erhielten mit zwei Jahren Zuchthaus eine sehr milde Strafe.

Die Bande indes beschloß, in der Nacht zum 15. Januar im Bernstädter Amtshaus einzusteigen. Vorher soll es aber noch zu einem Zwischenfall gekommen sein, der für das tragische Ende der Geschichte nicht ohne Bedeutung war. Die Spannungen zwischen

Scholig und Pezold hatten sich in der letzten Zeit immer mehr verstärkt. Der Grund dafür war noch immer die schönen Anna, die sich zwischen den beiden Männern nicht entscheiden konnte. Möglicherweise wollte sie es auch gar nicht, denn sie wurde von beiden reichlich mit Geschenken aus dem Beutegut bedacht.

Bernstadt im Winter. Postkarte um 1900.

Eines Abends, so wird berichtet, soll Pezold wieder einmal bei der Böhmerin zu Gast gewesen sein. Aber auch Scholig hatte sich auf den Weg gemacht, seine Geliebte zu besuchen. Als er an die Tür klopfte und Anna seine Stimme erkannte, erstarrte sie. Pezold schlich aus dem Haus. Plötzlich fiel ein Schuß. Zwar hatte er seinen Nebenbuhler nicht getroffen, wohl nicht einmal erkannt, doch der Nachtwächter des Ortes hatte den Schuß gehört und kam herbeigeeilt. Er drohte der Böhmerin, die aus dem Haus getreten war, das Revier in Zukunft aufmerksamer zu beobachten. Es sei ihm schon lange aufgefallen, daß es hier immer ärger zugehe. Er glaube schon fast, das ganze Dorf stecke voller Spitzbuben.

Lassen wir dahingestellt, ob sich die Sache wirklich so zugetragen hat. Sicher ist, daß der Stern der Räuber zu sinken begann, was auch der Einbruch in Bernstadt zeigen sollte.

Gegen Mitternacht zog die Bande, angeführt von Reimann, nach

Bernstadt. Es fing an zu schneien. Die Bande war mit Brechstangen und Meißeln ausgerüstet, Pezold und Scholig sollen sogar geladene Pistolen bei sich gehabt haben.

Der Amtsdiener, der im Hause wohnte, hatte sich samt Frau und Kindern bereits schlafen gelegt. Da die Türen des Amtshauses von innen fest verschlossen und die Fenster im Erdgeschoß mit Gittern und Laden gesichert waren, mußten die Einbrecher Gewalt anwenden. Davon wurde der Amtsdiener wach und rief um Hilfe. Als daraufhin Leben in die Nachbarhäuser kam, ergriffen die Einbrecher schleunigst die Flucht. Man verfolgte sie noch ein Stück, allerdings ohne Erfolg.

Auf einer Höhe hinter Bernstadt versammelten sich die erfolglosen Räuber. Aus Sicherheitsgründen mieden sie die Fichtelschänke und suchten bei der Böhmerin unterzuschlüpfen.

Dieses Haus war vermutlich das Haus der Schönen Böhmerin.
Foto von 1935.

Der Mißerfolg in Bernstadt sollte die Bande aber nicht von neuen Unternehmungen abhalten.

Der Gartenbesitzer Johann Christoph Ludwig und seine Frau waren rechtschaffene Leute, die im hohen Alter von dem lebten, was sie sich in langen Arbeitsjahren zusammengespart hatten. Ihr Haus stand in Heuscheune, einer zu Großhennersdorf gehörenden Siedlung, die aus einem Gut und wenigen Häusern bestand.

Da die Ludwigs als recht wohlhabend galten, interessierten sich die Männer von der Fichtelschänke für sie und planten, das Haus zu überfallen. In den späten Abendstunden des 17. Januar 1807 brach die Bande in Richtung Heuscheune auf. Pezold und Scholig waren mit Pistolen bewaffnet, Elsner und Neumann trugen Knüppel bei sich.

Das Haus der Ludwigs am Weg nach der Heuscheune, wo die Räuberbande Scholigs ihren letzten Einbruch verübte. Das Haus war in den zwanziger Jahren Wanderheim der Katholischen Jugend, nach 1933 Heim des »Jungvolks«. Nach 1945 wurde es abgerissen.

Das einsame Haus der Ludwigs lag in tiefer winterlicher Ruhe. Elsner stieg durch ein Loch in der Lehmwand, das er zuvor gebrochen hatte, öffnete die Hintertür von innen und ließ die anderen ein. Während sie sich in den ersten Stock begaben, wurde die in der Stube schlafende Frau wach und wollte nach dem Rechten sehen. Dabei geriet sie ins Blickfeld der Einbrecher, die sie griffen und festhielten. Unterdessen hatten sie auch Ludwig im Wohnzimmer ausfindig gemacht, ihn unter Drohungen an Händen und Füßen gebunden und mit dem Gesicht nach unten auf die Ofenbank geworfen. Seine Frau, die laut schrie, weil sie glaubte, ihr Mann wäre tot, wurde geknebelt und in der gleichen hilflosen Lage daneben gelegt.

Die Bande untersuchte inzwischen das ganze Haus von oben bis unten, ohne auch nur einen einzigen Taler zu finden. Scholig drohte Ludwig, ihn und seine Frau umzubringen, wenn er nicht verrate, wo das Geld versteckt sei. In seiner Angst verriet dieser, daß es in zwei Töpfen im Nebenzimmer wäre. Neumann fand etwa 60 Taler. Nachdem die Räuber alles Wertvolle und das Geld zusammengepackt hatten, traten sie den Rückzug an und ließen die Ludwigs verschnürt und geknebelt liegen.

Die Opfer vermochten sich nach einiger Zeit gegenseitig aus ihrer mißlichen Lage zu befreien, und erst jetzt stellte die Frau fest, daß sie verwundet war. Pezold hatte sie mit dem Messer verletzt, und zwar so schwerwiegend, daß ihr Arm zeitlebens gelähmt blieb. Das wurde später auch vor Gericht bewiesen.

Gleich am nächsten Morgen begab sich das Ehepaar zum Gericht nach Großhennersdorf, um den Überfall anzuzeigen. Der Justizverwalter des damals freiherrlichen Wattewillschen Gerichts ordnete eine sofortige Verfolgung der Verbrecher an. Ludwig und seine Frau sagten aus, daß sie die Stimme der Anna Böhmer unter den Einbrechern erkannt hätten. Das Gericht holte weitere Erkundigungen ein, die den Verdacht gegen die Böhmerin verstärkten. Auch die schon erwähnten Beobachtungen des Nachtwächters waren für Anna keineswegs von Vorteil.

Da bei den Nachforschungen auch immer wieder die Rede auf die Fichtelschänke kam, beschloß der Gerichtshalter, der Schänke und dem Böhmerschen Haus einen Besuch abzustatten. Mit dem Förster und einer Anzahl bewaffneter Männer erschien er vor der Fichtelschänke und ließ das Haus umstellen. Reimann reagierte auf die Haussuchung gleichermaßen erschrocken wie ungehalten. Pezold und Neumann hatten an diesem Abend hier Quartier genommen, und es dauerte nicht lange, da waren sie gefunden und festgenommen.

Aber noch jemand war im Haus, mit dessen Verhaftung den Gerichtsbeamten ein großer Wurf gelang – der Schwarze Scholig. Zwar konnte er einen Paß vorweisen, die Beamten erkannten aber

Das Großhennersdorfer Schloß. Im Marienturm befanden sich feste Gefängnisse, in welchen Scholig und Pezold bis zu ihrer Hinrichtung untergebracht waren. Die restlichen Bandenmitglieder wurden in anderen Gebäudeteilen des Schlosses festgehalten.

auf den ersten Blick, daß er gefälscht war. Daraufhin widersetzte sich Scholig gewaltsam einer Verhaftung, allerdings ohne Erfolg. Auch Reimanns Frau wurde festgenommen.

Die Durchsuchung der Schänke brachte einiges zutage, was später im Prozeß als Beweismaterial gegen die Bande diente. So fand man einige Pistolen, die Scholig und Pezold gehörten. Eine war mit Blei, die andere mit Blei und Schrot geladen. Außerdem stießen die Beamten auf einen Pulvervorrat, hölzerne Knebel, Stricke, Dietriche und Meißel, überdies auch noch auf die uns bereits bekannten »Krähenaugen«, ein Pflanzengift zum Vergiften von Wachhunden, das auch die Karraseck-Bande angewandt haben soll.

Die Gefangenen wurden voneinander getrennt zum Schloß nach Großhennersdorf gebracht. Dort wurden Scholig und Pezold im Marienturm, der mit festen Gefängnissen die sicherste »Unterkunft« bot, der Rest der Gruppe in einem anderen Gebäude untergebracht.

Anna Böhmer, aufgeschreckt von den Verhaftungen, wurde mitten in den Fluchtvorbereitungen festgenommen und vom Neundorfer Ortsrichter und zwei Gerichtsdienern ebenfalls nach Großhennersdorf gebracht.

Unterdessen begannen die Verhöre. Scholig und Pezold leugneten entschieden, sie traten dem Gericht gegenüber mit einer beispiellosen Frechheit auf. Der Fichtelwirt und Neumann dagegen legten umfassende Geständnisse ab, wobei sie auch die Namen der übrigen Bandenmitglieder bekanntgaben. Binnen kürzester Frist waren auch diese alle arretiert. Der Musketier Elsner wurde bei seinem Regiment abgeliefert, er konnte aber bald entfliehen und wurde nicht wieder eingefangen.

Die Untersuchung zog sich mehrere Monate hin. Die Akten wurden an die Juristischen Fakultäten der Universitäten in Wittenberg und Leipzig geschickt.

Das erste Urteil traf am 16. September 1807 aus Leipzig ein, das zweite am 9. Januar 1808 aus Wittenberg. Während Reimann vier Jahre Zuchthaus erhielt und die anderen mit noch geringeren Zuchthaus- oder Gefängnisstrafen davonkamen, fiel das Urteil für die Anführer sehr hart aus. Es lautete:»Daß Johann August Neumann aus Marklissa, Johann Christian Scholig, Johann Friedrich Pezold und Anna Maria Böhmerin des verübten Raubes schuldig, sofern die bei ihrem vor öffentlich gehegtem Halsgericht abgelegten Bekenntnis verharren, oder sonst, mit Recht, überwiesen würden und zwar die drei ersten Verbrecher mit dem Strange, Anna Böhmer jedoch mit dem Schwerte vom Leben zum Tode zu richten. Es sind jedoch dieselben mit neuen Schutzschriften zu versehen.«

Ein drittes Urteil, vom 4. Mai 1808 aus Leipzig, lautete ebenso wie das zweite. Jetzt blieb den Verurteilten nur noch die Hoffnung auf die Gnade des Königs.

Scholig und Pezold reagierten auf die Urteile mit ohnmächtigem Groll und wütendem Fluchen, Neumann war ruhig und gelassen und schob alles auf seine »Verführer«.

Anna vernahm ihr Todesurteil mit Erstarren. Sie bat lediglich darum, ihre Kinder noch einmal sehen zu dürfen, was ihr auch zugestanden wurde.

Die Geschwister, die von der Mutter wohl nie besonders fürsorglich und liebevoll behandelt worden waren, standen dennoch zu ihr und beschlossen, ein Gnadengesuch an den König zu richten. Schon nach einer Woche erhielten sie vom Dresdner Hof Anwort. Anna Maria Böhmer wurde von König Friedrich August I. zu lebenslanger Zuchthausstrafe in einem der Oberlausitzer Zuchthäuser begnadigt. Vorher sollte sie aber noch am Pranger zu Großhennersdorf öffentlich ausgestellt werden, zur Warnung für andere und zur Schande für sie selbst.

Großhennersdorf um 1830 mit Blick auf das Schloß.

In der Nähe des Marienturmes war am 8. Oktober 1808 die Schandbühne mit einem breiten Halseisen an rostigen Ketten errichtet. Anna mußte in einem Büßerhemd und mit einer Tafel vor der Brust, auf der ihre Verbrechen aufgezeichnet waren, vor die Menge treten. Diese bewarf sie mit faulen Äpfeln und Eiern. Über eine Stunde dauerte dieses Schauspiel, bis der Henker sie wegschaffte. Bald darauf wurde sie nach Zittau ins Gefängnis gebracht.

Auch der ebenfalls zum Tode verurteilte Neumann aus Marklissa wurde zu 4 Jahren Zuchthaus begnadigt. Die Gründe, die zu diesem unglaublichen Straferlaß führten, sind uns nicht bekannt.

Die Gnadengesuche von Scholig und Pezold wurden abgelehnt »in Erwägung der vielen von den Verurteilten ausgeübten Verbrechen, sowie der beispiellosen Frechheit, welche sie während der ganzen Zeit ihrer Inhaftierung« an den Tag legten. Das Justizministerium in Dresden erteilte dem Großhennersdorfer Gericht den Auftrag, das Urteil binnen drei Tagen zu vollstrecken.

Sehr viele Menschen waren am 28. Oktober 1808 auf den Beinen, um dem Spektakel der Hinrichtung beizuwohnen. Scholig und Pezold erschienen in der weißen Armensünderkleidung, bestehend aus kurzer Jacke, Hose, Mütze, Schuhen und Strümpfen. Die Hände waren gebunden. Ihre Schimpftiraden angesichts des Todes mögen für die Schaulustigen ein besonderes Gaudium gewesen sein.

Die Leichname blieben nach den damaligen Geflogenheiten so lange am Galgen hängen, bis die Raubvögel alles Fleisch von den Knochen genagt hatten und die Skelette zerfielen.

Die Fichtelschänke bleib einige Zeit leer, wurde dann verkauft und war bis in die ersten Jahrzehnte unseres Jahrhunderts eine beliebte Ausflugsgaststätte.

LITERATURHINWEISE
Donix, Gustav: Die Fichtelschenke. Erzählung von den Taten und der Hinrichtung der Räuber Scholig und Pezold 1808 in Großhennersdorf. Geschildert auf Grund der Akten des Patrimonialgerichts Großhennersdorf, Bernstadt 1907
Aus der Vergangenheit und Geschichte Großhennersdorf. Von Bürgermeister Rentsch daselbst, o. J.

Rummelsberger

Rummelsberger hieß der alte Schwede,
der sein Leben schauderhaft genoß.
In der Jugend blies er auf der Flöte,
später da ergab er sich dem Suff.

Jedes kleine Stückchen Stahl und Eisen
bog er sich zu einem Dietrich krumm
und erschreckte so auf seinen Reisen
das wohl hochverehrete Publikum.

Eines Morgens in der Ärmeljacke,
sein Gesicht mit Kienruß vollgeschmiert,
hat der Kerl mit ener Radehacke
diese graus'ge Mordtat ausgeführt.

Als er diese graus'ge Mordtat nun vollführet,
arretieret und ins Loch gesteckt,
in der Armensünderstube
mußt er sitzen, bis er ward geköppt.

Als der Kopf ihm plumpste vor die Füße,
sprach er noch die Worte durch den Zahn:
»Nehmet alle hier auf dieser Wiese
euch ein Bei-beileibei-Beispiel dran!«

Die Moritat vom Raumbmörder Rummelsberger, dessen Wirkungskreis
nicht bekannt ist, wurde von dem Meißner Volkskundler Dr. Siegfried Kube
überliefert.

Der Räuberhauptmann Wenzel Kummer, genannt der »Böhmische Wenzel«

Wenzel Kummer war neben Johannes Karraseck der bekannteste Räuberhauptmann der Oberlausitz. Obwohl er wesentlich länger sein Unwesen trieb, ist über ihn weniger Konkretes überliefert und geschrieben worden. Vor allem über die Raubzüge seiner Bande wissen wir nicht allzu viel.

Zwischen Wenzel Kummer und Johannes Karraseck gibt es eine Reihe von Gemeinsamkeiten. Wahrscheinlich im gleichen Jahr wie Karraseck geboren (also um 1764), erlernte auch Wenzel Kummer einen Handwerksberuf, diente ebenso beim Militär und verließ dieses auf gleiche Weise – durch Desertion. Auch Wenzel zog es in Anbetracht seiner räuberischen Tätigkeit vor, sich auf einer der böhmischen »Inseln« im sächsischen Staatsgebiet niederzulassen. Wie Karraseck in Neuleutersdorf, so suchte Kummer in dem zur anderen böhmischen Exklave gehörenden Neuschirgiswalde sein Glück.

Seine Bande verübte zahlreiche Diebstähle und Einbrüche, die offensichtlich weniger glimpflich vor sich gingen als ähnliche Aktionen der Karraseckbande. Nicht selten endeten die Überfälle mit dem Tod der Opfer.

Knapp zwei Jahre verbrachte der Böhmische Wenzel im Gefängnis auf der Schloßfronfeste zu Bautzen, die auch Karraseck zehn Jahre vorher »beherbergt« hatte. Anders als dieser, der nur in ein anderes Gefängnis gebracht wurde, verschwand Kummer, ohne vorher nach Erlaubnis gefragt zu haben. Dennoch war es nur eine Freiheit auf Zeit, die ihm die Flucht aus Bautzen einbrachte.

Bei einem Diebstahlversuch im schlesischen Hirschberg wurde er gefaßt, erkannt und zu lebenslanger Haft verurteilt. Ebenso wie Karraseck beendete Wenzel sein unstetes Leben hinter Gittern, 1820 starb er im Zuchthaus Jungbunzlau.

Auch Wenzel Kummer erscheint in den Volkserzählungen oft als ein Mann mit freundlichen und edlen Zügen. Vor allem die »kleinen Leute«, bei denen Räuber nichts fanden, was sich zu stehlen gelohnt hätte, sahen über das Abscheuliche seiner Taten hinweg. Es erfüllte

Wenzel Kummer, genannt der böhmische Wenzel.

sie mit Genugtuung, daß Wenzel seinen Verfolgern immer wieder entkam.

Über Wenzels Herkunft ist wenig bekannt. Er stammte aus Gutwüste bei Weißwasser im nördlichen Böhmen und hatte das Maurerhandwerk erlernt. Man erzählte sich, daß er zum kaiserlich-österreichischen Militär gegangen sei, um der Strafe für eine schwere Körperverletzung zu entgehen. Ob er von dort desertierte, weil ihm der Kasernenhofdrill nicht der erstrebenswerte Lebensinhalt war oder weil er einem vorgesetzten Korporal wegen einer Liebesangelegen-

Budissinische  Nachrichten.

No. 30.   Den 29. July 1815.

Mit Königlich Sächsischem allergnädigsten Privilegio.

Steckbrief. In der vorigen Nacht ist aus der Schloßfrohnveste zu Budissin, dem Angeben des Schloßfrohns zu Folge, durch Unterstützung von außen, der Räuber Wenzel Kummer, insgemein der böhmische Wenzel genannt, aus Gutwüste in Böhmen gebürtig, entkommen. Es ist derselbe 50 Jahr alt, mittler untersetzter Statur, hat starkes, schwarzes, kurz verschnittenes Haar, und auf dem rechten Backen eine Schmarre von einem Hiebe, und an dem linken Ohrläppchen einen Schlitz, weiter aber bläuliche Augen, ein rundes Gesicht, eine spitzige Nase und eine helle Stimme. Er spricht fertig hochteutsch, böhmisch und wendisch, und hat ein freundliches schlaues Betragen. Bekleidet war derselbe bey seiner Entweichung mit einem blautuchnen Brustlatze, woran sich weiß metallne Köpfe befinden, grau leinwandnen langen Bein-kleidern und grauwollnen Strümpfen. Da nun an Wiedererlangung dieses für die allgemeine Sicherheit besonders gefährlichen Verbrechers äußerst gelegen ist; so werden alle Civil- Militair- und Polizey-Behör-den, unter Zusicherung ähnlicher Rechtswilfährigkeit, andurch zur Hülfe Rechtens ersucht, erwähnten Wenzel Kummer zur gefänglichen Haft zu bringen, und an endesunterzeichnete Gerichtsbehörde, gegen Erstattung der Unkosten, abzuliefern. Eselsberg in der Oberlausitz, am 26. July 1815.

Herrlich Bärsche Gerichte daselbst, und
Christian Gottlieb Sterzel, verpflichteter Justitiar.

Steckbrief. In der vorigen Nacht ist aus der hiesigen Schloßfrohnveste, dem Angeben des Schloßfrohns zu Folge, durch Unterstützung von außen, Johann Dutschmann, der Feueranleger aus Reichenbach, entkommen. Derselbe ist 30 Jahr alt, mittler Statur, etwas hager und pockennarbig, jedoch von lebhafter Gesichtsfarbe. Seine Augen sind bläulich, und seine Haare blond. Er ist bloß mit einem blau tuchnen Brustlatze und einer dergleichen Weste, woran sich weiß metallne Knöpfe befinden, weißen Tuch-hosen, grauwollnen Strümpfen und Hute bekleidet, entflohen, trägt an dem vierten Finger der rechten Hand ein silbernes Ringelchen und spricht ziemlich geschwind wendisch und deutsch, jedoch etwas heiser und hat oben vorne blos zwey große Zähne, übrigens aber einen Leistenbruch. Da nun an Wiedererlangung des Inquisit Dutschmanns sehr viel gelegen ist; so werden alle respective Civil- und Militair- auch Polizey-Behörden dienstergebenst ersucht, denselben da, wo er sich betreten läßt, zu verhaften und gegen Erstat-tung der Kosten anhero zu verabfolgen. Budissin, den 26. July 1815.

Des Königl. Sächs. hochlöblichen Oberamts im Markgrafthum Oberlausitz
verordneter Commissar und Oberamts-Hofgerichtsactuar,
J. G. Rabisch.

. Demjenigen, welcher es dahin bringt, daß der böhmische Wenzel und Dutschmann, welche aus der hiesigen Schloßfrohnveste entflohen und in den erlassenen Steckbriefen beschrieben sind, wieder erlangt werden, sichere ich hiermit, außer der Verschweigung seines Namens, eine Belohnung von Funfzig Thalern zu; da von ihrer Wiedereinbringung zum Theil meine eigene Rechtfertigung abhängt. Budissin, am 26. July 1815.
Traugott Daniel Müller, Schloßfrohn.

Steckbrief von 1815 nach Wenzel Kummers Flucht aus dem Gefängnis.

heit auf den Leib rückte, lassen wir dahingestellt. Auf der Flucht vor der Verfolgung wandte sich der Deserteur ins benachbarte Sachsen. Dort soll er zuerst in Ostritz als Maurer gearbeitet und sich später als Knecht bei einem Bauern in Niedergurig bei Bautzen verdingt haben.

Wenzel Kummer muß bald die Bekanntschaft mit Mitgliedern einer Räuberbande gemacht haben, die von Neuschirgiswalde aus ihr Unwesen trieb. Um das Jahr 1802 herum verließ er seinen Brotherrn, um sich der Bande anzuschließen.

Über die Zusammensetzung dieser zwielichtigen Gesellschaft ist so gut wie nichts bekannt. Sicher war ihr Anführer keine besonders markante Persönlichkeit, denn schon bald konnte ihn der körperlich kräftige und gewandte Wenzel von diesem Posten verdrängen.

Von seinem Aussehen in späteren Jahren können wir uns dank eines Steckbriefes aus dem Jahre 1815, der nach Wenzels Flucht aus dem Gefängnis erlassen wurde, ein Bild machen. Dort wird er folgendermaßen beschrieben: »Es ist derselbe 50 Jahre alt, mittler untersetzter Statur, hat starkes, schwarzes kurzverschnittnes Haar und auf dem rechten Backen eine Schmarre von einem Hiebe und an dem linken Ohrläppchen einen Schlitz, weiter aber bläuliche Augen, ein rundes Gesicht, eine spitzige Nase und eine helle Stimme. Er spricht fertig hochdeutsch, böhmisch und wendisch und hat ein freundliches schlaues Betragen. Gekleidet war derselbe bey seiner Entweichung mit einem blautuchenen Brustlatze, woran sich weissmetallene Knöpfe befinden, grau leinwandenen langen Beinkleidern und grauwollenen Strümpfen.«

Einer der ersten Einbrüche unter Wenzels Kommando fand im Schirgiswalder Pfarrhaus statt. Durch den leichten Schlaf der Haushälterin und den beherzten Widerstand des Pfarrers, der den Eindringlingen bewaffnet entgegentrat, wurde das Vorhaben vereitelt. Nach diesem Mißgeschick hat der böhmische Wenzel nie wieder einen Einbruch in eine Pfarrei oder eine Kirche verübt. Wahrscheinlich war er trotz seines Räuberdaseins noch so fromm, daß er dieses Erlebnis für eine Warnung hielt. Allerdings schien er wiederum nicht so gläubig zu sein, seine Profession ganz aufzugeben.

Die hervorragenden Bedingungen, welche die böhmischen Exklaven für die Ausübung des Räuberhandwerks boten, sollten sich nach 1809 noch verbessern. In diesem Jahr gab Österreich seine Exklaven auf. Die geplante Übergabe von Schirgiswalde an Sachsen fand jedoch nicht statt, da die Vertragsurkunde verlorenging. So verwaltete sich das Städtchen, das nicht mehr zu Böhmen und noch nicht zu Sachsen gehörte, 36 Jahre lang selbst. Bis 1845 war es gewissermaßen eine freie Republik. Hier gab es keine Militärdienstpflicht, keine staatlichen Steuern, keine landesherrlichen Gesetze, Befehle und Verordnungen. Der Stadtrichter war zugleich das Staatsoberhaupt. Die Stadt schloß mit dem 1834 gebildeten Preußischen Zollverband einen Vertrag ab, der es ermöglichte, überseeische Waren als Transitgut einzuführen, die dann ins Sächsische und Böhmische geschmuggelt wurden.

Schirgiswalde, links oben die Katholische Kirche, darunter Marktplatz und Hauptstraße, daneben die Evangelische Kirche, rechts der Bahnhof. Postkarte von 1899.

Auch viele kaiserliche Deserteure kamen nach Schirgiswalde, wo sie vor Verfolgung sicher waren. Mancher schloß sich der Bande des Böhmischen Wenzel an, denn hier konnte er fortsetzen, was er im Kriege gelernt hatte.

Die reichen Bürger der Stadt und vor allem der Stadtrichter

Die Katholische Kirche, in deren Pfarrhaus Wenzel Kummer vergeblich
einzubrechen suchte.

161

Reime betrachteten die Anwesenheit der Räuber in ihrer Stadt als eine echte Plage und setzten alles daran, sie dingfest zu machen. Hin und wieder gelang es, einen Spießgesellen Wenzel Kummers zu fassen, dem Hauptmann selbst gelang immer wieder die Flucht.

Schirgiswalde im Jahre 1834.

Berichtet wird von einer Fahndung, die der Stadtrichter mit der Veröffentlichung eines Steckbriefes im Jahre 1803 einleitete. Es wurden Gebäude durchsucht, in denen Verdächtige vermutet wurden, u. a. auch in Neuschirgiswalde. Kummer hielt sich zu jener Zeit in der Schänke des »Dörfchens« – wie der Ort auch genannt wurde – auf, deren Wirt namens Täßler ein Vertrauter war. Er nahm zwar nicht selbst an Raubzügen teil, betätigte sich aber gern als Hehler der gestohlenen Waren.

Als der Richter mit einer Anzahl bewaffneter Männer die Schänke durchsuchte, entdeckte er, versteckt im Misthaufen, zwei von Wenzels Kumpanen. Für diese beiden Männer, Schieblich aus Neuschirgiswalde und Birnsacher aus Scheidenbach, fand damit das Räuberleben ein jähes Ende. Sie wurden verhaftet und erhielten lange Haftstrafen. Beide erlangten die Freiheit nicht wieder und starben im Gefängnis.

Wenzel Kummer aber war es wieder einmal gelungen, den Hütern des Gesetzes zu entwischen. Er hatte sich auf dem Dach neben dem

Schornstein versteckt. Von dort aus suchte er das Weite. Bei einem Hehler in Oberneukirch fand er ein Unterkommen. Daraufhin ließ er sich eine Weile nicht in Schirgiswalde sehen. Er soll nach Schlesien entwichen sein, um dort sein Unwesen zu treiben.

Manche Überlieferungen berichten, daß Kummers Aufenthalt in der Schänke verraten worden sei. Aus Eifersucht habe ein gewisser Görge, der früher zur Bande des Karraseck gehört hatte, den Schlupfwinkel des Räuberhauptmannes dem Stadtrichter zugetragen. Wenzel soll ihm die Braut ausgespannt haben, die schöne Lotte. Überhaupt schien dieser den weiblichen Reizen über alle Maßen zugetan gewesen zu sein. Ob er tatsächlich mit einigen Mädchen aus Schirgiswalde und Umgebung Kinder hatte oder dies nur ein Wunschdenken einiger lediger Mütter war, den »edlen Räuberhauptmann« als Vater ihrer Kinder auszugeben, ist nicht erwiesen. Er scheint nie verheiratet gewesen zu sein.

Folgende Episode bezeugt Wenzels Vorliebe für das schöne Geschlecht als auch seine Verwegenheit: Zarte Bande hatten ihn einst mit einem Mädchen aus Neuschirgiswalde verbunden. Als dieses einen armen Mann ehelichte, wollte sich Wenzel von seiner besten Seite zeigen. Er erschien als ihr böhmischer Onkel Biltschek

Blick auf Schirgiswalde, links die Katholische Kirche, rechts die Evangelische Kirche.

und finanzierte die Hochzeitsfeier. Diese wurde dann auch zu einem bedeutenden Ereignis im Ort. Stadtrichter Reime verneigte sich ehrerbietig vor dem vermeintlichen wohlhabenden Onkel. Erst später erfuhr er, daß dies der Mann gewesen ist, dem er schon so lange auf den Fersen war und den er so gern im Gefängnis gesehen hätte.

Die Kette der Ereignisse um Wenzel Kummer reißt mit seiner Flucht nach Schlesien vorerst ab. Über das genaue Datum seiner Rückkehr nach Schirgiswalde ist nichts bekannt. Im Jahre 1806 hatte er sein Standquartier in Bautzen. Er wohnte hier im »Gasthof zur goldenen Sonne« und gab sich den Anschein eines wohlhabenden Fremden.

Bautzen mit Blick auf die Kronprinzenbrücke. Die Stadt an der Spree war ein ergiebiges Betätigungsfeld Wenzel Kummers.

Wiederholt wird über den Einbruch in der »Franckschen Gruft« auf dem Bautzner Taucherfriedhof Anfang September 1806 berichtet. Interessant ist dieser Fall, weil die Bande danach wegen »gespenstischer Erscheinungen« nie wieder an geweihter Stätte ihrem lichtscheuen Gewerbe nachging. Außerdem hatte sich die Beute – ein nur schwach vergoldetes Kruzifix – als ziemlich wertlos erwiesen.

Am 11. Oktober 1806 sollen Wenzel Kummer und sein treuer Gehilfe Michael Löhr im Gasthaus »Zum blauen Stern« in Bautzen das Gespräch zweier Landwirte belauscht haben. Diese hatten gerade beschlossen, eine größere Geldsumme, die sie durch Getreideverkauf erhalten hatten, einem Geldwechsler namens Keßler anzuvertrauen. Es war ihnen zu riskant, das Geld mit auf den Heimweg zu nehmen. Aber ihre wohlüberlegte Vorsicht brachte ihnen nichts ein, denn Wenzel stattete in der folgenden Nacht mit seinen Kumpanen der Keßlerschen Wohnung einen Besuch ab und nahm alles vorhandene Geld mit. Der Geldwechsler war daraufhin gezwungen, seinen Bankrott zu erklären.

In jene Zeit fällt auch der Einbruch der Wenzelschen Bande in das Haus der Frau Hoffaktorin Markstein »Töpferstraße Nr. 105«, der der Bande allerdings nicht den erhofften Gewinn verschaffte. Alarmiert durch den anschlagenden Hofhund, stellte sich der Gärtner der Hausbesitzerin den Eindringlingen entgegen und schlug Lärm, so daß die Räuber die Flucht ergriffen.

Dem Räuberhauptmann war es zur lieben Gewohnheit geworden, alljährlich zur Neujahrszeit den Bautzner Bürgern ein Lebenszeichen von sich zu geben und ihnen mit einem Einbruch einen – zugegebenermaßen üblen – Streich zu spielen. So begann das neue Jahr 1807 für den Seilermeister Jäckel in Bautzen denkbar schlecht. Bei einem Einbruch in dessen Haus in der Nacht vom 1. zum 2. Januar kann Wenzels Bande eine »reiche Beute an Kostbarkeiten und Kleidungsstücken« in Sicherheit bringen.

Das Jahr darauf war in der gleichen Nacht das Haus eines Barchentwebers in der Rosengasse das Ziel der Wenzelschen Bande. Bargeld, Uhren, Silberzeug und noch andere Dinge waren die Beute.

Doch nicht immer war die Bande so erfolgreich, zumal die Gesetzeshüter ständig hinter ihnen her waren. So ereignete sich im Sommer 1808 folgendes Mißgeschick: Die Taschen gefüllt mit geraubten Talern, kehrten Wenzels Männer eines Abends in eine Dorfschänke ein, um den erfolgreichen Einbruch in die Königsmühle bei Niederkaina gehörig zu feiern. Vielleicht war Verrat im Spiel, vielleicht vergaß man auch aus Freude über den Erfolg jegliche Vorsicht. Jedenfalls wurde die Schänke umstellt und die Bande festgenommen. Von zwei Männern namens Pilack und Kalich wissen wir, daß sie zuerst zum Tode verurteilt, vom König aber begnadigt wurden. Sie kamen in Bautzen an den Pranger und als lebenslange Festungsgefangene nach Dresden.

Dennoch war es auch diesmal kein voller Erfolg für die Häscher.

Wenzel, dem die Aktion in erster Linie galt, konnte wieder einmal entkommen. Doch lange sollte sein Freiheit nicht währen. In den »Budissinischen Nachrichten« erfuhren die Leser im Oktober 1813, daß Wenzel Kummer endlich gefaßt worden war: »Der unermüdlichen Tätigkeit des Ober-Polizei-Jägers Fritsche ist es endlich gelungen, durch zweckmäßig vorbereitete Anstalten den sogenannten böhmischen Wenzel vorige Nacht bey Neundorf bey Schirgiswalde aufzugreifen, und ihn heute zur hiesigen Amts-Frohnveste in sichere Verwahrung zu bringen, welches hierdurch bekanntgemacht wird. Budissin, den 26. Okt. 1813. Das Polizei-Jäger-Direktorium des Budissinischen Kreises von Gersdorf.«

Nun schien ihn also doch das Schicksal des Gefängnisses ereilt zu haben.

Ein Jahr und 9 Monate hielt es Wenzel in Bautzen aus, dann beendete er seine Haft aus eigenem Entschluß und eigener Kraft: Am 25. Juli 1815 floh er gemeinsam mit dem Brandstifter Johann Deutschmann aus Reichenbach bei Görlitz von der Schloßfronfeste. Das kostete dem Schloßfron Traugott Daniel Müller die Stelle. Er hatte übrigens schon die beiden Mitglieder der Karraseckschen Räuberbande Wessel und Keller entkommen lassen. Auch die Aussetzung von 50 Talern Belohnung für Wenzels Ergreifung rettete ihn nicht mehr, er wurde entlassen.

Wiederum konnte sich Wenzel nicht lange der Freiheit erfreuen. Der schon erwähnte Steckbrief mit der Beschreibung seiner Person und der Bitte um Mithilfe bei »Erstattung der Unkosten« wurde erlassen. Am 27. September 1815 teilten die Behörden der Öffentlichkeit mit, daß es dank »dem Pflichteifer der hiesigen Landgendarmerie unter der thätigsten Mitwirkung des Meißnischen Gendarmen Johann Karl Gottlieb Müller« gelungen sei, Wenzel Kummer einzufangen.

Diesmal hielt er es nur reichlich 2 Wochen in seiner Zelle aus.

Am 17. Oktober veröffentlichten die »Budissinischen Nachrichten« erneut einen Steckbrief, in dem bekanntgegeben wurde, daß der »Verbrecher Wenzel Kummer … in der Nacht vom 14. zum 15. Okt. durch gewaltsame Erbrechung dreier Thüren und einer mit eisernen Stäben verwahrten Gangfenster-Oeffnung wieder entflohen« war. Der Steckbrief enthält auch die interessante und nicht weiter nachprüfbare Information, daß Wenzel zweimal zum Tod durch das Rad verurteilt worden sei.

Dieser erneute Ausbruch nährte den Aberglauben, daß Wenzel ein mächtiger Zauberer sei, der über wundersame Kräfte verfüge und Verbindung zu bösen Geistern unterhalte. So ging die Sage, er sei auf einem Besenstiel aus seiner Zelle geflohen oder auf seinem ausgebreiteten Rock wie in einem Kahn durch die Lüfte geschwebt.

Was tatsächlich vorgefallen war, erfahren wir aus einem Bericht des Sohnes des damaligen Schloßfrons Hantzsch. Da dies eine höchst aufschlußreiche und zuverlässige Quelle ist, sei sie an dieser Stelle ausführlich wiedergegeben: »Der böhmische Wenzel war in damaliger Zeit für die Bewohner Budissins und der weiteren Umgegend der gefürchtete Räuberhauptmann, welcher, wie man von manchem wohl behaupten hörte, mit Hilfe der Zauberei seinen Verfolgern, ja selbst den Ketten und Banden und Gefängnismauern zu entkommen verstehe. Die abenteuerlichsten Gerüchte wurden von ihm erzählt. Das Nennen seines Namens schon setzte jung und alt in Furcht und Schrecken! Man kann sich wohl denken, daß mir, der damals noch ein Knabe war, vor Angst das Herz zerspringen wollte, wenn ich daran dachte, daß dieser so gefährliche Verbrecher über kurz oder lang in unser Haus als Gefangener eingebracht werden könne. Doch bald sollte meine Befürchtung in Gewißheit verwandelt werden! Eines Tages kam plötzlich der Befehl an meinen Vater, für den Böhmischen Wenzel ein festes Gefängnis in Bereitschaft zu setzen. Diesem Befehle wurde schleunigst nachgegangen. Mindestens 25 Ellen unter dem Niveau des Schloßhofes lagen drei Gefängniszellen, von welcher Nr. 3 für den gefürchteten Gast eingerichtet wurde. Diese Zelle bestand aus einem 6–7 Ellen hohen, gewölbten, etwa 30 Quadratellen enthaltenden kellerartigen Raume ohne Ofen und Dielen, welcher von einem in schiefer Richtung die sechs Fuß starke Mauer durchschneidenden etwa zwei Fuß hohen, sechs Zoll breiten, mit einem dicken Eisenstabe versehenen Fenster so schwaches Licht erhielt, daß man erst nach längerem Verweilen darin etwas erkennen konnte. Parallel mit der linken Wand, $1\frac{1}{2}$ Elle von derselben entfernt, lag ein großer, sargartig bearbeiteter Stein, in welchen zwei starke eiserne Haspen eingelassen waren. Zwischen diesem Steine und der Mauer wurde ein Strohlager vorgerichtet, die Trink- und unentbehrliche Nachtkanne herbeigeschafft – und die Vorbereitungen zur Empfangnahme des Böhmischen Wenzel waren beendet. … Wenzel kam aber nicht in dieses sogenannte unterirdi-

Burgwasserturm und Frohnfeste der Bautzener Ortenburg. Die Bezeichnung Karraseckturm ist vermutlich unzutreffend, da nicht nachweisbar ist, daß Karraseck in dem Turm gefangengehalten wurde. Daß Wenzel Kummer aus dem Burggemäuer zu fliehen vermochte, ist eine unglaubliche Leistung.

sche Gefängnis, weil der Gefangenarzt behauptete, der Arrestant würde in demselben erkranken. ... Man brachte Wenzel, von Gendarmen umgeben, in einem Wagen, welchen eine ungeheure Volksmenge umwogte. Um den Mann, der eine so furchtbare Berühmtheit erlangt hatte, recht genau zu sehen, hatte ich mich in ein Versteck der Kammer geschlichen, wo die Arrestanten gewöhnlich visitiert wurden. Aber, so fragte ich mich, ist denn das der schreckliche, furchtbare Räuberhauptmann, den ich jetzt ganz nahe vor mir stehen sah? Wie freundlich sprach er mit meinem Vater, wie einnehmend war sein Betragen, wie wohlgebildet sein Körper, wie anständig seine Kleidung! In diesem Augenblick war ich geneigt, all das Böse, was man von ihm aussagt, für Verleumdung zu halten. Die Tränen traten mir in die Augen, als ich sah, wie sich die Visitation nicht nur auf die Kleider beschränkte, sondern sich auch auf den ganzen Körper ausdehnte. Es fand sich aber gar nichts Verdächtiges bei ihm vor. Jetzt war es mir fast lieb, daß er in ein besseres als das zuerst für ihn bestimmte Gefängnis abgeführt wurde. Seine nunmehrige Zelle war Nr. 9 im Turm und glich einem Stübchen von 40–50 Quadratellen Flächenraum. Das Fenster war nahe der Decke angebracht und hatte ein doppeltes eisernes Gitter. Von der Straße am Fuße des Schloßfelsens betrug seine Höhe gewiß 80 bis 100 Ellen. Durch dieses Fenster zu entkommen war unmöglich ... Das ... Gefängnis bot dem soeben eingebrachten schweren Verbrecher so wenig Festigkeit, daß mein Vater ausdrücklich erklärte: er müsse schon im voraus jede Verantwortlichkeit bei einer etwaigen Flucht Wenzels ablehnen. Mit zwei Ketten an Hand und Fuß gefesselt, sah der Gefangene die Türen des Gefängnisses sich schließen, und da die strafrechtliche Untersuchung seiner Verbrechen nicht über Nacht geführt und vollendet werden konnte, gewann er Zeit, seinen Plan zur Flucht zu überdenken und sich mit der Hoffnung auf ein wahrscheinliches Gelingen desselben zu trösten.

Das Verhältnis Wenzels während seiner Gefangenschaft war gewinnend und zutraulich. Er hatte mehr als einmal meinen Vater versichert, er möge sich um ihn nur ja keine Sorgen machen, obwohl er die Lokalitäten dieses Hauses genau kenne, wolle er doch an keine Flucht denken. Was solche Versicherungen aus solchem Munde zu bedeuten haben, war meinem Vater nicht unbekannt, und er ließ sich durch dieselben keineswegs einschläfern.

Blick auf das alte Bautzen mit der Ortenburg.

Nun kam der Herbst mit seinen finstern, stürmischen Nächten. Es war an einem Freitag. … Mit Einbruch der völligen Dunkelheit erhob sich ein rasender Sturm und warf den … Regen mit Heftigkeit an die Fenster. … Nachdem von seiten meines Vaters gegen zehn Uhr noch einmal die Gefangenen revidiert worden waren, blieben allesamt wegen notwendiger häuslicher Verrichtungen noch munter bis Mitternacht. … Als mein Vater am Morgen die Gefängnisse besuchen und den Gefangenen das Frühstück bringen will, wehte ihm schon auf dem Gange die frische Morgenluft entgegen, und er gewahrte mit Schrecken die geöffnete Turmtüre. Die Flucht war gelungen! - Zunächst wollen wir nun alle Gegenstände betrachten, welche der Flüchtling bei seiner nächtlichen Arbeit benutzt oder beschädigt hatte. Auf dem Gange zum Turme war am mittelsten Fenster das Glas ausgebrochen und von den beiden davor befindlichen Eisenstäben der eine abgebogen. Die Türe vom Gange zum Turm stand offen und war, wie sich am Schloß zeigte, aufgesprengt. Dagegen war die äußere Gefängnistür noch zu. Sie wurde aufgeschlossen. Die zweite oder innere Tür war ganz herausgenommen und beiseite gelegt. Die beiden Haspen waren aus dem Fußboden herausgerissen, und die Kette mit der Handschelle lag auf dem Strohsack. Die Kette mit der zerschlagenen Fußschelle aber fand man ungefähr vierzehn Tage später nach der Flucht auf den Bergen bei Budissin.

Wie hatte nun Wenzel seine Flucht möglich gemacht? Er hatte zunächst die Haspen durch heftiges Umschnellen der Ketten aus dem Fußboden herausgezogen. Dies war recht gut möglich, da die Haspen bloß in die Dielenunterlage eingeschlagen, aber nicht umnietet waren. Die Handschelle hatte er über die Hand hinweggezogen. Es werden nämlich diese Schellen, die nicht drücken dürfen, lieber etwas weit als zu enge genommen. Die Gefängniskost hatte eine Abmagerung der Hand bewirkt und somit das Hindurchziehen derselben ermöglicht. Mit den etwa 8 Zoll langen Haspen hatte er das hölzerne Türgerüst der inneren Türe losgebrochen und dadurch zwei drei Ellen lange, schmale Bretter bekommen, mit denen er, sie als Hebel benutzend, die äußere Türe an der unteren Ecke möglichst weit aufpreßte, sodann an der offenen Stelle das Ziegelgewände so lange abarbeitete, bis er selbst hindurchschlüpfen konnte. Nun war er auf dem Vorsaale des Turmes. Die Hebekeule und die Walzen der Mangel leisteten ihm nun die vortrefflichsten Dienste zur Sprengung der Türe, welche auf den Gang führte. Daß hierbei ein fürchterlicher Krach unvermeidlich war, ist natürlich, doch hatte niemand von uns denselben vernommen, weil wir wahrscheinlich gerade im ersten tiefen Schlafe lagen. Am mittelsten Fenster auf dem Gange bog er mit der Mangelkeule einen eisernen Stab auf die Seite, schlüpfte hindurch, und immer noch mit der Kette am Beine stürzte er sich 13 bis 14 Ellen tief auf dicht verwachsenes Holundergesträuch. Dieser Sprung war nicht so gefährlich, als man denken sollte. Denn unter dem Fenster war etwa 2 Ellen tief der Putz abgefallen, und das Mauerwerk bot einigen Anhalt. Nimmt man nun an, daß er sich mit seinen Händen 1 1/2 Elle unter dem Fenster noch festhalten und seinen Körper lang herabhängen lassen konnte, so blieb nur eine Höhe von 9 bis 10 Ellen übrig, und dabei boten doch auch die Sträucher einigen Widerstand, daß er nicht zu unsanft zu Boden fiel. So ward Wenzel frei.

Zugestehn muß man allerdings, daß er in der Nacht seiner Flucht eine unglaubliche Tätigkeit entwickelt hat, daß ihn dabei die Finsternis wenig hinderte, und daß ihm bei großer Kraft eine katzenartige Geschwindigkeit und Fügsamkeit seines Leibes zustatten kam. Nach der Flucht Wenzels wurde die Aufsichtsbehörde der Gefängnisse darauf aufmerksam, daß die Zellen der Arrestanten nicht so fest eingerichtet seien, als nötig war. Deshalb wurde nun vieles geändert. Die eisernen Haspen in den Gefängnissen wurden durch die Dielen hindurchgeschlagen und unten umgenietet. Die Türstöcke wurden steinern, die inneren Türen mit Eisenblech überzogen und dergleichen mehr - Zu spät! Dieser Vogel war ausgeflogen!«

Nach dieser Flucht aus Bautzen gelang es den sächsischen Behörden nicht wieder, Wenzel Kummer einzufangen. Nur kurze Zeit hielt er sich daraufhin noch in seinem geliebten Neuschirgiswalde auf. Dann fühlte er sich wohl auch dort nicht mehr sicher. Er ging abermals nach Schlesien, wo er als Pascher bald wieder einen gefürchteten Namen hatte.

Viel schien es ihm aber nicht eingebracht zu haben. Arm und mittellos war er, anscheinend tief gesunken, als er in Hirschberg in Böhmen in einem Fleischerladen bei dem Versuch, einen Diebstahl zu begehen, erwischt und erkannt wurde.

Die zuständigen Gerichte machten ihm den Prozeß und verurteilten ihn zu lebenslanger Zuchthausstrafe. Das war ein milder Richterspruch, verglichen mit den ersten Urteilen im Karraseckprozeß. Möglicherweise hatte man Mitleid mit dieser gescheiterten Existenz, vielleicht waren auch die Beweise gegen ihn nicht ausreichend.

Der einst so gefürchtete Räuberhauptmann Wenzel Kummer wurde ins Gefängnis Jungbunzlau gebracht. Von hier konnte er nicht mehr fliehen. Er starb 1820, fern von den Menschen, die ihn fürchteten, aber auch verehrten.

LITERATURHINWEISE

Berthold, Gustav: Der Räuberhauptmann Wenzel Kummer. Löbau 1852.
Flechtner, Paul Johannes: Heimatbuch von Wilthen. Wilthen 1922.
Rösler, Franz: Geschichten aus einer kleinen Republik. Reichenau 1928.
Schöne, Otto: Johannes Karrasek und der Böhmische Wenzel als Gefangene der Schloßfronfeste zu Bautzen. Bautzen 1933.
Stoy, Franz Adolf: Geschichte der Stadt Schirgiswalde. Schirgiswalde 1895.

Pascherfriedels Schmugglerzüge und ihr blutiges Ende

Wir schreiben das Jahr 1834, ein Freudenjahr für das ganze deutsche Volk, denn in der Neujahrsnacht dieses Jahres, Punkt 24.00 Uhr, fielen zwischen zunächst 16 deutschen Staaten – darunter auch das Königreich Sachsen – alle Zollschranken weg. Der Deutsche Zollverein trat in Kraft. Für Handel und Wandel in den deutschen Landen war ein schlimmes Hindernis beseitigt, der Schmuggel von Waren wurde überflüssig. Er konzentrierte sich nun auf die Grenzen zu Böhmen, was besonders durch die bereits erwähnten böhmischen Exklaven begünstigt wurde.

Schauplatz der nun zu schildernden Ereignisse ist wiederum der Raum der ehemaligen böhmischen Exklave Niederleutersdorf und der Orte Warnsdorf, Rumburg, Seifhennersdorf, Neugersdorf und Philippsdorf.

Wir kommen nochmals auf die Geschichte dieser kleinen böhmischen Insel inmitten Oberlausitzer Dörfer zurück. An der Grenze zwischen dem Erzbistum Prag und dem Bistum Meißen lag die Sied-

Das sächische Oberleutersdorf um 1832.

173

lung Lutgersdorf. Seit mindestens 1416 unterstand der Ort, der inzwischen »Leutersdorf« genannt wurde, der Lehnshoheit der in Böhmen gelegenen weltlichen Herrschaft Friedland. Lange Zeit verblieb er, umgeben von sächsischem Staatsgebiet, böhmische Exklave. Die weit verzweigte feudale Adelsfamilie schloß es später ihrer in der Oberlausitz gelegenen Herrschaft Seidenberg an.

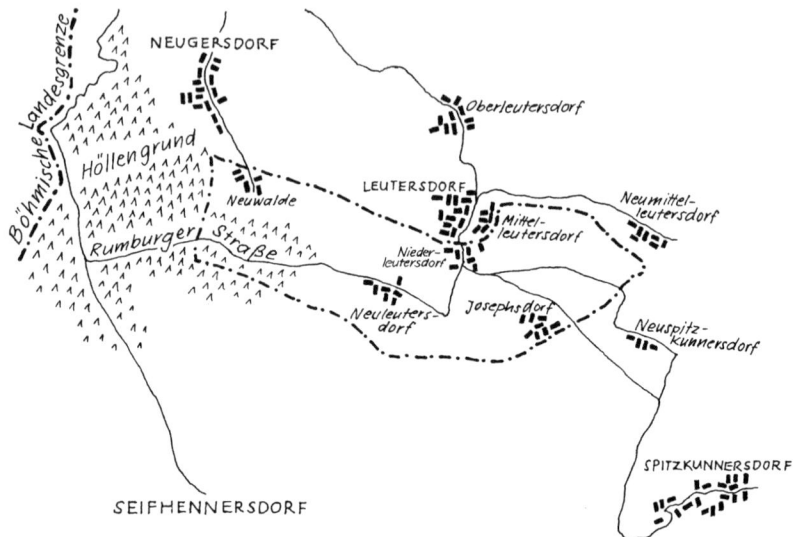

Die böhmische Enklave Niederleutersdorf.

In der Mitte des 15. Jahrhunderts vollzog sich die Teilung des Ortes in Ober- und Niederleutersdorf. Mit dem Übergang der Oberlausitz von Böhmen an Sachsen nach dem Prager Frieden von 1635 wechselte auch Oberleutersdorf mit dem Rittergut die Landeshoheit und wurde sächsisch. Für Niederleutersdorf galt das nicht. Seit 1637 gehörte Niederleutersdorf der Herrschaft Rumburg an. Da es während des entscheidenden Jahres 1635 in der Hand des böhmischen Königs war, ging es nicht wie der Neugersdorfer Wald an Sachsen über, sondern blieb beim Königreich Böhmen. Das Dorf bildete somit eine böhmische Enklave in der sächsischen Oberlausitz. Erst 1849 kam es laut dem am 5. März 1848 zwischen Österreich und Sachsen geschlossenen »Haupt- Gränz- und Territorial-Rezeß« gegen Austausch anderer Gebiete zu Sachsen.

Die Enklave Niederleutersdorf zerfiel im Laufe ihrer Entwicklung in vier einzelne Gemeinden. Auf der wenig fruchtbaren Hutung des Meierhofes am Wege nach Spitzkunnersdorf ließen sich 26 Siedler nieder. Im Jahr 1706 wurden sie zur selbständigen Gemeinde Josephidorf (später: Josephsdorf) zusammengefaßt, erhielten ein Gerichtsbuch und bald auch einen Kretscham, die Oberlausitzer Bezeichnung für den Dorfgasthof, der zugleich Sitz der Dorfgerichtsbarkeit war. 1777 brannten die Gebäude des Meierhofes ab, das Vorwerk wurde aufgelöst, dessen Flur parzelliert, an Siedler verkauft und somit der Grund zur Gemeinde Neuleutersdorf gelegt. Der Zuzug nach Neuleutersdorf erfolgte vorwiegend aus den katholischen Städten Böhmens. Neumittelleutersdorf lag 1,5 km östlich vom Hauptort entfernt. Die kleine Siedlung wurde bald nach 1800 von dem Besitzer des Rittergutes Mittelleutersdorf am Rande des Waldes, der damals noch vom Oderwitzer Spitzberg bis hier herab reichte, angelegt. Als Neue Sorge bezeichnet, ist der Ort bis heute im Volksmund »die Sorge« geblieben. Mittelpunkt im Dorf war die Sorgenschenke.

Neben Hetzwalde und der Neuen Sorge entstanden weitere kleinere Ausbauten. Dazu gehören die Feldhäuser und das um 1750 entstandene, sogenannte »Staadtel« am Ortsausgang nach Neuwalde.

1907 vereinigten sich Josephsdorf, Ober- und Niederleutersdorf zu Leutersdorf; Neuleutersdorf schloß sich erst 1922 an.

So zeigte Leutersdorf einst ein gemischtes Flurbild, das sich aus ursprünglichen Waldhufen, mehr aber aus zusammengefaßten Rittergutsfluren und aufgegliederten Parzellenfluren verschiedener Größen zusammensetzte. An die Zersplitterung erinnern Ober-, Mittel- und Niederkretscham.

Die völlig unüberschaubaren politischen und grundherrschaftlichen Verhältnisse boten ideale Voraussetzungen für das Entstehen und Wirken von Diebesbanden. Schon 1751 verhandelte das Zittauer Stadtgericht gegen eine Diebesbande in der Leutersdorfer »Pusch-Schenke«. Im Jahre 1800 wurde der Bande des Johannes Karraseck der große Einbruch im Rittergut von Oberleutersdorf zum Verhängnis.

Nach der Gründung des Deutschen Zollvereins, der auch eine strengere Kontrolle des Warenverkehrs über die Grenze zur Folge

Der Dreiecker, Grenzstein am nordwestlichen Punkt der Enklave.

hatte, nahm die Pascherei in der böhmischen Exklave Niederleutersdorf einen großen Aufschwung. Der kleine sächsische Land-
strich, der zwischen Enklave und dem zu Österreich gehörenden
Böhmen lag, war dicht bewaldet. Die Abgrenzung war daher unsicher und schwer zu überwachen. Fast jeder Einwohner frönte dem
gelegentlichen oder erwerbsmäßigen Schmuggel. Oft passierten
ganze Wagenladungen heimlich die Grenze.

Davon erzählt der österreichische Zolloffizier Eduard Walter
(gestorben 1942) unter dem Pseudonym Artur Booden in seinem
1911 im Verlag von Teller und Roßberg in Neugersdorf erschienen
Roman »Pascherfriedel«. Er verweist im Vorwort zu seinem Buch
darauf, daß die geschilderten Ereignisse auf Tatsachen beruhen. Aus
alten Schriften und den Erzählungen betagter Oberlausitzer rekon-
struierte er die Geschichte. Allerdings habe er, »gewissen Umstän-

den Rechnung tragend«, die Namen der handelnden Personen verändert.

Seine Erzählweise und die treffende Beschreibung von Stimmungen und Befindlichkeiten der Oberlausitzer Heimat lassen uns die Ereignisse vergangener Zeit miterleben.

Im Jahre 1834 standen etwa 50 Anwesen in Neuleutersdorf mit rund 300 Einwohnern. Die damalige Grenze zwischen Sachsen und Böhmen verlief anders als heute. Sie zog sich nicht in gerader Linie am Berührungspunkt von Filippsdorf und Neugersdorf nach Seifhennersdorf hin, sondern von Neugersdorf in östlicher Richtung oberhalb Neuwalde den Wachberg entlang, mitten durch Ober- und Niederleutersdorf, dann ein Stück südöstlich, gleich danach in einem westlich zustrebenden Bogen hinter Josephsdorf und Neuleutersdorf längs der Seifhennersdorfer Fluren und dann aufwärts gegen den Spitzberg bei Warnsdorf.

Tiefe, dunkle Wälder prägten das Bild der Landschaft. Teilweise war das Umland sumpfig und wirkte auf den Wanderer unheimlich. Niederleutersdorf bildete den sogenannten »Pascherwinkel«, der »Finsterwalde« genannt wurde.

Ein Grenzstein in der Nähe des sogenannten Wachberges bei Neugersdorf verweist heute noch auf jene Ereignisse, über die nunmehr zu berichten ist.

Friedel Pietsch aus Niederleutersdorf, genannt »Pascherfriedel«, damals 24 Jahre alt, war die Hauptperson jener Geschehnisse. Der bevorzugte Treff mit seinen Getreuen war das Gasthaus »Pfütze« in Neuwalde. Besitzer der Dorfschenken oder Kretschams in jener Gegend hatten meist das Amt des Ortsvorstehers inne. Der Wirt war der Herr und Gebieter im Dorf und unterstand in der Regel nur der gutsherrschaftlichen oder amtsbehördlichen Gerichtsbarkeit. Oft war der Wirt, so auch jener von der »Pfütze«, Vertrauter der Pascher, d. h. er stellte sein Gasthaus den Paschern als Beratungsort zur Verfügung.

Der handwerksmäßige Schmuggel wurde niemandem übelgenommen oder gar als unehrliches Gewerbe aufgefaßt. Im Gegenteil, die Pascher galten als anerkannte, rechtschaffene Leute. Jeder Einwohner paschte mehr oder weniger – Paschen gehörte zum Lebenserhalt. Das Pascherwesen wurde als notwendiges Übel betrachtet, das sich zwischen Rechtssinn und Gesetz gedrängt hatte. Dabei ging

Der ehemalige Gasthof »Pfütze«, ein Treffpunkt der Pascher.

es nicht nur darum, die Ware unverzollt über die Grenze zu bringen, sondern auch die zeitraubenden Kontrollen zu umgehen. Ein Warentransport über die Grenze machte den größten Teil des Vermögens eines Kaufmanns aus. Er mußte daher möglichst schnell vonstatten gehen. Der Zeitverlust, der beim ordnungsgemäßen Grenzübergang enststand, brachte daher für Händler wie für Kunden Nachteile. Von beiden wurde das Zollwesen als Belastung empfunden. Die Pascher konnten sich daher der Verschwiegenheit vieler Einwohner sicher sein. Selbst vor Gericht war man bereit, zugunsten der Pascher auszusagen. Es wurden selbst Meineide geleistet, um sie zu entlasten. Die Jagd auf die Pascher wurde als niederträchtig empfunden. In einer Neusalzaer Zeitung erschien 1847 ein Beitrag mit dem Titel »Guten Abend, Herr Gevatter«, in dem sich der Verfasser über den Zoll auf böhmischer Seite beklagte: »Die böhmischen Grenznachbarn betragen sich immer unnachbarlicher, zum großen Teil äußerst roh. Wie verschiedene Blätter berichten, haben böhmische Grenzjäger, die die sächsische Grenze nicht respectiert, bereits glücklich herübergepaschte Ware und Lebensmittel wieder hinübergeholt und sogar über die Grenze herüber nach Personen geschossen. Das gemeine Volk hat die Wege und Stege nach Sachsen besetzt und in einer Nacht fünf Stege zerstört. In Folge dessen geht das Paschen gar nicht mehr, und es fehlt natürlich an Brot.«

Die Durchführung eines jeden Pascherzuges glich einem Uhrwerk, das zuvor mit peinlicher Genauigkeit gestellt worden war. In der Schenke erfolgte dann die Auftragsentgegennahme. Hier schützte man sich vor ungebetenen Gästen mit Hilfe eines Zeichens. Der rotgrüngeblümte Vorhang wurde an einem bestimmten Fenster nach links gezogen, wenn sich ein ungebetener Gast in der Schenke befand. In der Nacht wurde eine Lücke freigelassen.

Geschmuggelt wurden vor allem Zucker, Kaffee und Gewürze von Böhmen nach Sachsen. Hauptsammelplätze waren Warnsdorf und Rumburg. Erfolgte eine Kontrolle, so wurde der geschmuggelte Gegenstand über den Grenzbach geworfen. Die Beamten konnten nichts ausrichten, da keine Zollverträge zwischen den einzelnen deutschen Bundesstaaten und Österreich bestanden und es auch keine vereinbarten Grenz- und Zollmaßregeln gab. So war es unmöglich, daß sich die Beamten beider Seiten gegenseitig unterstützten. Wurde ein Schmuggler erwischt, erfolgte keine Abnahme der Ware, sondern im Wiederholungsfall setzte es Stockhiebe. Das war zwar nicht erlaubt, aber sollte eine solche Strafmaßnahme den Behörden zu Ohren kommen, so würde man darüber hinwegsehen.

Die großen Schmuggeltransporte wurden weniger im Sommer durchgeführt als vielmehr im Herbst und Winter, da hier die Nächte lang und finster waren.

Pascherfriedel beteiligte sich neben dem täglichen lebensnotwendigen Paschen insgesamt an drei großen Pascherzügen. Der erste Pascherzug im Jahr 1834, der sogenannte »Löbauer Zug«, wurde in die Zeit des Neugersdorfer Schießens gelegt, heute noch als Jakobimarkt das größte Volksfest der Oberlausitz. Es findet alljährlich Sonntag nach Jakobi, d. h. vom 25. Juli bis 1. August, statt. Sein Ursprung liegt im Jahr 1717, als in Neugersdorf eine Schützengesellschaft gegründet wurde. Mit dem Königsschießen war ein Jahrmarkt verbunden, der die Wirtschaft und den Handel der Region in jenen Jahren sehr belebte. Ab 1749 wurde ein Ständegeld erhoben, zahlbar an den Wirt der Wachtschänke. Ein Teil davon floß in die Schützenkasse, ein Teil ging in die Ortsarmenkasse.

Mit Bedacht hatte Pascherfriedel die Nacht vom 25. zum 26. Juli nach dem Schießsonntag für seinen Schmuggelzug gewählt. Von den Vergnügungen ermüdet, war kaum einer auf den Beinen. Zudem hatten Paschfriedels Kameraden die Grenzwachen dadurch getäuscht, daß sie bei dem Fest erschienen waren und Volltrunkenheit vorgetäuscht hatten.

Blick über Seifhennersdorf zum Burgberg. Postkarte von 1906. Rechts im Hintergrund die böhmische Grenzstadt Warnsdorf, in der Mitte der Karte verläuft die »Zollstraße«.

An sich war ein größerer Pascherzug in einer stillen, hellen Hochsommernacht kaum möglich. Größere Transporte, erst recht solche, die tiefer ins Land gingen, wurden bis zum Winter aufgehoben, und es wurden dann noch kurzfristig besonders finstere und stürmische Nächte gewählt.

Der Transport, bestehend aus drei Fuhrwerken, sollte von der Scholzeschen Sandgrube bei Rumburg in Richtung Warnsdorf über die Seifhennersdorfer Grenze gehen, dann zwischen Niederleutersdorf und Josephsdorf hindurch Richtung auf die sogenannte Zoselkiefer nehmen. Von hier sollte es über die Exklavengrenze, um den Spitzberg herum, gehen, um auf dem damals ziemlich gut erhaltenen Fahrweg nach Oderwitz zu gelangen.

Die Wagen waren am Sonntag ganz früh nach Warnsdorf gebracht worden. Man nahm dichtgeflochtene Strohkränze mit, die beim Verlassen der Enklave vor der Zoselkiefer um die Radfelgen geflochten wurden, um das Rattern der Wagen zu dämpfen. Begleitet wurde solch ein Pascherzug mit Fuhrwerken stets von einer entsprechenden Anzahl verwegener, entschlossener Männer. Ein bewaffneter Widerstand der Schmuggler war nichts Seltenes.

Man hatte insofern Glück, als sich schwarze Wolken am Himmel ballten. Dieser Umstand ließ im Dickicht des Waldes, wo es selbst bei Tage recht düster war, die Gestalten nicht erkennen.

Schweigsam bewegte sich der Transport nach der Wache zu und bis gegen die Neuwalder Schenke, ohne auf österreichische oder sächsische Grenzbeamte oder Zöllner zu stoßen. Die Männer konnten aufatmen. Ihr Pascherzug war erfolgreich gewesen.

Weniger Erfolg war ihrem nächsten Unternehmen am 5. Dezember des gleichen Jahres beschieden. Es war eine unheimliche Nacht. Die wenigen Häuschen um das Wüste Gut bei Rumburg lagen in tiefer Finsternis, umtost von eisigem Spätherbstwind. Sie waren von unten bis hinauf unter das niedrige Dach mit Stroh und Reisig verkleidet.

Pascherfriedel und seine Freunde hatten diesmal auf Fuhrwerke verzichtet. Sie transportierten für einen Oderwitzer Händler teure Leinwandballen, verstaut in Packen, die sie als Ranzen auf dem Rücken trugen. Geplant war, vom Wüsten Gut aufzubrechen und auf dem Fahrweg zwischen Königswalde und Georgswalde zwischen 1 Uhr und 4 Uhr nachts die Grenze zu passieren. Durch einen Zufall erfuhr die Grenzwache von dem geplanten Pascherzug. – Folgen wir nun der Erzählung Artur Boodens:»Die Pascher hatten diesmal den Vorteil auf ihrer Seite, daß sie die teure Ware, die sie heute zu befördern hatten, in kleinen Bäcken tragen konnten. Selbst bei einer Anhaltung war eine Flucht samt Ranzen möglich, ohne daß dieser, unter günstigen Umständen, weggeworfen werden mußte. Die Schwärzer (Schmuggler) wären in einem solchen Falle wie ein Haufen Sperlinge nach einem Schusse, nach allen Richtungen auseinandergestoben und hätten sich dann an einem vorher bestimmten Punkte wieder zusammengefunden. Die Aussichten der Schmuggler standen also diesmal gar nicht so schlecht. Mit der üblichen Vorsicht machte sich dann auch der Zug auf den Weg. Das Wasser entlang und an der Donathmühle vorüber ging es im flotten Tempo über die Grenze hinweg bis hart an den Georgswalder-Schluckenauer Fahrweg, die heutige Straße. Die Übergangsstelle wurde dann genau abspioniert, und dann setzte der Zug lautlos über den Weg hinweg. Kaum aus der allernächsten Nähe hätte jemand etwas davon wahrgenommen.

Selbst bei einer viel helleren Nacht, als die gegenwärtige war, ließen diese eigentümlichen Nachtgestalten sich kaum unterscheiden. Wie wandelnde Bestandteile des Nebels huschten sie über den Weg hin. Sie sahen aus, als wären sie innig verwachsen mit dem grauen Dunkel der Nacht, als hätten sie sich eben nur einen Augenblick von der Nacht losgetrennt, um gleich darauf wieder spurlos darin zu verschwinden.

So bewegte sich der Zug durch das nächtliche Dunkel.

Vor der kritischen Stelle, nämlich vor dem Ausgange der Talschlucht, angekommen, wurde haltgemacht. Der kleinste Neumann-Bruder, ein leichtes Bündel mit wertloser Ware auf dem Rücken, dessen Verlust bei einer Anhaltung leicht zu verschmerzen war, schlich spähend auf die Wiese hinaus.

Nun waren die Grenzjäger ihrer Sache sicher und ließen ihn ruhig über die herabgelassene Schnur hinwegschreiten. Bald darauf löste sich der ganze Trupp vom Dunkel der langen Schlucht ab. Nur wenige hundert Schritte noch, und die Schmuggler hatten gewonnenes Spiel. Sie hätten dann ihr Bäcke den beiden Männern, deren verhängnisvolles Gespräch kurz vordem belauscht worden war, im Dörrhäuschen übergeben. Einer derselben, ein Abgesandter des Kaufmanns, hätte ihnen den bedungenen Lohn ausbezahlt, und die Sache wäre abgemacht gewesen. Einzeln wären sie dann auf verschiedenen Wegen heimwärts gegangen.

Getrost traten sie daher aus der Schlucht und dann weiter auf die Wiese hinaus.

›Halt!‹ donnerte es plötzlich hinter ihnen durch die Nacht, und gleichzeitig krachten zwei Schüsse, deren Schall sich im mehrfachen Echo brach.

Wie ein Rudel aufgeschreckter Rehe sprangen die Pascher den Wiesengrund hinunter. Doch schon nach den ersten Schritten stolperten sie beinahe alle gleichzeitig über ein ihnen rätselhaftes Hemmnis. In dem Moment waren aber auch schon die Grenzjäger da, und es entstand eine kurze, aber heiße Balgerei. Lobs Großer, der keinen Augenblick die Geistesgegenwart verloren hatte, befahl ›Hocken ab!‹ und sofort lagen sämtliche sechs Bäcke auf der Wiese. Die starke Finsternis hatte die Schmuggler begünstigt. Obwohl sie die teuren Waren einbüßten, wodurch die Getreuen von Friedel Pietsch ihre Einlage von 120 Talern verloren, wurde kein einziger von ihnen festgenommen. Darauf war auch ihr ganzes Sinnen gerichtet, da der Schmuggel in ganzen Rudeln damals außer der hohen Geldstrafe mit einer längeren Freiheitsstrafe geahndet wurde.

Die Schmuggler hatten diesmal eine Niete gezogen.«

Der dritte Zug, von dem Alfred Booden berichtet, sollte einen tragischen Ausgang nehmen. Weihnachten 1834: Die Dörfer waren tief verschneit. Es war eine echte Oberlausitzer Weihnacht mit Windwehen, Eis und Frost. Wenn es nur irgendwie ging, flüchteten die Menschen in die warmen Stübchen.

Am ersten Weihnachtsfeiertag begannen Friedel Pietsch und seine Gefährten damit, den legendär gewordenen dritten Pascherzug vorzubereiten, den »großen Zug von Rumburg«. Der Händler Dittrich aus Rumburg stellte den Transport zusammen, bestehend u. a. aus Zucker, Gewürzen und Kaffee. Die Ware sollte auf einem Wagen durch den Höllengrund nach Sachsen gebracht werden. Dieses Waldstück, das heute noch denselben Namen führt, hatte zur damaligen Zeit ein ganz anderes Aussehen. Der Wald erstreckte sich weit hinaus über das heutige »Waldschlößchen« – eine 1880 erbaute Gaststätte – gegen Seifhennersdorf und tief hinein nach Böhmen in Richtung Rumburg und Georgswalde. Damals wechselten hier wilde Schluchten und felsige Abhänge mit einem schier undurchdringlichen Waldbestand. Die Gegend war unheimlich und wurde gemieden.

Die zweite Januarhälfte 1835 brachte nochmals viel Schnee und seltene Kälte. »Eine hohe Schneedecke lagerte auf dem Leutersdorfer Tale. Die mit Reisig verkleideten Häuschen guckten kaum aus ihren kleinen, verschneiten Fensteraugen heraus. Schmale, tief eingetretene Wege zogen kreuz und quer zwischen den einzelnen Gehöften eine spärliche Bahn, und erst in der letzten Woche des Monats waren die Straßen mehr ausgefahren, und da es zu schneien aufgehört hatte, konnten wieder Pferde und Wagen verkehren.«

Ein besonders kalter Tag war in diesem Jahre der letzte Januartag.

Der eisige Luftzug nahm einem den Atem, und beim ersten Schritt ins Freie verglasten förmlich die Augen.

»Der Wagen stand bereit; ein kräftiges Pferd war davor gespannt und, nachdem ein Pascher mit einem mit Spreu vollgestopften Sack auf dem Rücken etwa vierhundert Schritte vorausgeeilt war, setzte sich der Zug in Bewegung.

Zwei saßen auf dem Wagen. Vier der anderen Brüder gingen zu beiden Seiten des Wagens einher, und Pascher-Friedel mit einem Kumpan schritt in einiger Entfernung, gleichsam die Nachhut bildend, hinterher.

Außer kurzen Knütteln, deren jeder der Männer einen besaß, waren sechs weitere mit Gewehren ausgerüstet.

Eine ausgiebige Schneedecke bei ruhiger Nacht ist den Schmugglern nie so recht nach Wunsch; sie paßt ihnen nicht in den Kram. Sie dämpft zwar die Schritte, wenn sie linde und weich ist; knarrt aber der festgefrorene Schnee unter den Füßen oder den Rädern, dann ist das Geräusch weithin zu hören, abgesehen davon, daß sich dunkle Gegenstände vor dem weißen, lichten Hintergrunde scharf abheben und weithin sichtbar sind.

Der Schnee bei dunklen Winternächten leuchtet dem nächtlichen Wanderer zuverlässiger und ausdauernder als eine Laterne. Der Schnee ist der Verräter der Wilderer, der Schmuggler und aller heimlichen Nachtschleicher. Außerdem hinterläßt der Schnee unvertilgbare, fatale Spuren, welche nachträglich vieles aufklären und den Verfolger auf die richtige Fährte leiten. Geübte, praktische Grenzaufseher, Gendarmen und Jägersleute wissen sogar aus dem Aussehen der Spuren im Sand, Schnee, aber auch Gras ziemlich genau anzugeben, wie alt diese sind und zu welcher Zeit sie getreten wurden.

Im Pascherwinkel kam es öfter vor, daß Leute, die etwas zu paschen hatten, wenn Schnee lag, über die Grenze gegen ihr Haus rückwärts schritten, damit die Spuren einen Verfolger irreführen sollten. Diese deuteten dann natürlich daraufhin, als hätte sich niemand vom Hause entfernt, während er schon längst mit seinem Pasch gemütlich hinter dem Ofen saß.

Eine Nacht wie die heutige war also nicht nach dem Geschmacke der Lobse. Eine stockfinstere oder eine sturmdurchtobte Nacht, wo der Wind heult und die Bäume ächzen und sich krachend biegen, wäre ihnen schon lieber gewesen. Sogar der dichte Wald, wo es selbst bei Tage düster ist, wird zur Nachtzeit von dem Schimmer des Schnees durchleuchtet.

Langsam näherte sich der Trupp mit dem Wagen dem Höllengrunde.

Als sich der Transport durch den Höllengrund bewegte, war den Schmugglern bereits leichter ums Herz. Noch eine Strecke des Weges und sie hatten ihre Warenvorräte in Sicherheit gebracht. Trotzdem aber spannten die Teilnehmer des nächtlichen Zuges Gehör und Sehkraft nach Möglichkeit an; denn die äußerste Vorsicht darf der Schmuggler nie beiseite lassen, selbst wenn er nur noch einen Schritt vor dem Ziele steht. Was sie nicht wissen konnten, war der Umstand, daß die Grenzwache von ihrem Vorhaben exakt Bescheid wußte. Ein Dorfbewohner hatte unerkannt das Gepräch über die Planung belauscht und verraten.

Das kleinste Geräusch entging ihnen nicht. Den Schmugglern erscheint alles feindlich und verdächtig. Sie mißtrauen dem Tage, weil sein Licht sie dem Verfolger verrät, und der Nacht, weil sie in deren Dunkel die lauernde Gefahr nicht bemerken können. Jeder Strauch kann Unheil in sich bergen; aus jedem Hohlwege, jeder Vertiefung, hinter jedem Stamme kann das Verderben hervorbrechen.

Zwischen 5 und 6 Uhr abends begann im Höllengrunde, dort, wo sich die Fahrwege kreuzten, ein eigentümliches Treiben. Etwa eine Viertelstunde vor der Ankunft des Pascherzuges verbargen sich einige dunkle Gestalten hinter dem Gebüsch, und eine hohe Reitergestalt stand unbeweglich wie eine Statue im Dunkel der Baumreihen da.

Der Offizier der Grenzwache rief sofort nach dem Schuß mit starker Stimme: ›Im Namen des Königs, ergebt Euch! Ich kenne Euch; Ihr seid die Pascher aus Niederleutersdorf!‹

Eine förmliche Salve krachte hierauf vom Wagen her. Einige der Pascher saßen dort oben; die anderen sprangen hinter den Wagen und das Pferd und hatten über und hinter dem Wagen hervorgeschossen. Merkwürdigerweise hatten diese fünf Schüsse den einzigen Erfolg, daß eine Kugel den Arm eines Offiziers streifte und ihm den Ärmel zerriß. Das vor den Wagen gespannte Pferd hatte nämlich gerade in dem Augenblicke, während dem die Schmuggler ihre

Flinten abdrückten, einen heftigen Ruck gemacht und dadurch den Mißerfolg der Salve verursacht.

Wieder war es also ein kleiner, unvorhergesehener Zufall, der hier den Erfolg des ganzen Kampfes bestimmte. Hätten die Pascher ihre Gewehre ruhig abfeuern können und wäre auch nur ein einziger der sowieso in der Minderzahl sich befindenden Beamten tödlich getroffen oder verwundet worden, so hätte sich der Ausgang ganz anders gestaltet.

Natürlich erwiderten die Grenzbeamten diesen Angriff sofort mit gleicher Münze, und die Schüsse der Beamten schienen Erfolg gehabt zu haben. Es entstand nun ein arger Tumult um den Wagen.

Nachdem die Grenzaufseher ihre Gewehre sofort wieder geladen hatten, stürzten sie sich samt dem Oberkontrolleur auf die Pascher, suchten die Zugstränge am Wagen zu durchhauen, um die Flucht des Fuhrwerks zu verhindern. Es entstand ein wütendes Handgemenge. Mann gegen Mann wurde gekämpft, und das dabei vernehmliche Fluchen und Ächzen hörte sich ganz unheimlich an. Man hörte das Stampfen der Füße, das Fauchen der Ringenden und das Aneinanderschlagen der Waffen und Knüttel. Die Pascher trieben das Pferd an, dem jedoch ein Grenzer in die Zügel gefallen war.

Und indem rings um den Wagen die Pascher mit den Grenzbeamten rangen, tropfte eine dunkle Flüssigkeit aus dem Wagen herunter, färbte den zerwühlten Schnee und bildete unter dem Wagen verdächtige Lachen. Es war Blut, das zwischen den Warenbäcken hindurchgesickert kam. Indessen achtete niemand darauf. Man balgte sich um den Wagen. Offenbar waren einige der stärksten und entschlossensten Pascher kampfunfähig geworden, sonst würde der Strauß mit einer Niederlage der Beamten geendet haben.

Das Schicksal, das bei diesem verunglückten Pascherzuge die Schmuggler ereilt hatte, war viel trauriger, als man im ersten Augenblick angenommen hatte. Wohl fiel keiner von ihnen in die Hände der zollbehördlichen Organe, wohl gelang es ihnen, samt dem Wagen und den darauf befindlichen Waren auf böhmisches Gebiet zu kommen; aber das konnte alles nicht den Verlust ersetzen, den sie erlitten hatten, und nicht die Folgen zurückhalten, welche die nächtliche Anhaltung und das ihnen nun zur Last gelegte Verbrechen des bewaffneten Widerstandes nach sich ziehen mußten.

Als sich der Wagen in wilder Flucht von dem Schauplatze des blutigen Zusammenstoßes entfernt hatte und, umgeben von den flüchtenden Schmugglern, über Stock und Stein der Enklave zuraste, hatten die Pascher immer noch keine Ahnung von dem Umfange des Unglücks, das sie betroffen hatte. Welcher von ihnen mit heiler Haut davongekommen war und welche dabei verwundet worden waren, darüber nachzudenken mangelte jetzt bei der in rasender Hast sich vollziehenden Flucht Zeit und Muße.

Wohl verlangsamten die Brüder die tolle Fahrt und atmeten schwer auf, als sie die Grenzsteine hinter sich hatten, und erschraken heftig, als sie die Körper ihrer Freunde bewegungslos auf dem Wagen liegen sahen, da sie diese schwer verwundet glaubten.

Aber es sollte noch schlimmer kommen! ...

In keinem der drei Körper war ein Fünkchen Leben mehr.

Die Männer entschlossen sich, die Waren zu vernichten. Sie wurden zum Niederleutersdorfer Teich gefahren und darin versenkt.

So endete der letzte große Pascherzug der weithin über die Grenzen der Enklave bekannten Schmugglertruppe des Pascherfriedel.

Die drei Toten waren Brüder, sie wurden in einem Grabe gemeinschaftlich bestattet.

Das Haus war von früh bis abends von einer Menschenmenge belagert. Bis von Warnsdorf, Rumburg, Georgswalde, Oderwitz, Ebersbach und noch weiter her kamen sie herangewandert. Der traurige Vorfall brachte in der ganzen Gegend eine ungeheure Aufregung hervor und bildete tage- und wochenlang den einzigen Gesprächsstoff.« So weit die Schilderung Boodens.

Seitdem waren 14 Jahre vergangen. Man schrieb das Jahr 1848. In allen Schenken und bei allen Zusammenkünften gab es ein wichtiges Gesprächsthema in dieser Region: Nieder- und Neuleutersdorf, Neuwalde und Josephsdorf sollten an Sachsen fallen. Die revolutionäre Bewegung der Jahre 1848/49 führte zu einem schleppenderen Gang der Staatsgeschäfte, so daß die zwischen Sachsen und Österreich beschlossene Grenzregulierung aufgeschoben werden mußte und Anlaß zu neuen Gerüchten gab.

Am 12. März 1849 fand sich die Übergabekommission im Kretscham zu Niederleutersdorf ein, um die Gemeinden des böhmischen Anteils, Niederleutersdorf, Josephsdorf, Neuleutersdorf und Neuwalde, an die sächsische Krone zu übergeben. Als Vertreter Österreichs erschien der Kreishauptmann David aus Czaslau mit seinem

Beisitzer und Schreiber, von sächsischer Seite nahm der Kreisdirektor des Bautzner Kreises, von Könneritz, mit seinem Aktuarius teil.

In Anwesenheit der Gemeindeältesten fand die Unterzeichnung der Staatsverträge, die förmliche Übergabe der Enklave an Sachsen statt, begleitet vom Geläut der Kirchenglocken und mit Jubel der Bevölkerung. 16 Monate später, am 14. August 1850, besichtigte der sächsische König Friedrich August II. das neue Besitztum des Landes und begrüßte die sächsisch gewordene Bevölkerung.

Mit der Grenzregulierung verschwand auch der gewerbsmäßige Schleichhandel.

LITERATURHINWEISE

Booden, Artur: Pascherfriedel. Eine Erzählung aus der Schmugglerzeit der Oberlausitz. Neugersdorf, Teller und Roßberg, 1911.
Hobusch, Erich: Auf Schleichpfaden. Schmuggleraffären und Paschergeschichten zwischen 1730 und 1930, Berlin 1988.
Tourist-Reisehandbuch Lausitz, Berlin/Leipzig 1985.
Werte unserer Heimat, Bd. 14, S. 59 ff.

Im Kampf zwischen Förster und Wilderer ging es oft um Leben und Tod. –
Wilderer auf der Flucht.

Aus Not gewildert:
Das Schicksal Christian Böttigers

Die Ehefrau des dienstlosen Jägerburschen Christian Böttiger aus Rittersgrün mußte am Sonnabend, dem 8. Februar 1772, länger als üblich auf ihren Gatten warten, der sich als Volontär beim Breitenbrunner Oberförster Mirus aufhielt und lediglich an den Wochenenden seine Familie sehen konnte.

Keinen einzigen Pfennig würde Böttiger nach Hause bringen, denn als Volontär arbeitete er nur ums tägliche Brot. Möglicherweise aber hatte er sich für Frau und Kind einen Bissen vom Munde absparen können. Viel war nicht zu erhoffen.

Die unsägliche Hungersnot der Jahre 1771/72 bewegte sich auf ihren Höhepunkt zu, und besonders im Erzgebirge mangelte es dermaßen an Nahrung, daß grobe Kleie, gekochtes Gras und zerriebene Baumrinde als untauglicher Ersatz für Kaffee und Brot dienen mußten. Mit dem Hunger stand in der damaligen Zeit die erzgebirgische Bevölkerung ohnehin auf vertrautem Fuße, er war ein ständiger Gast in ihren Hütten. Im Durchschnitt litt das Erzgebirge jedes vierte Jahr unter einer Hungersnot, und jedes zweite Jahr hatte allein zum Sterben zuviel. Die Jahre 1771/72 aber brachten eine Katastrophe, die alle bisherigen Hungersnöte harmlos erscheinen ließ.

Schneelandschaft bei Zinnwald.

Satzung, der höchstgelegene Ort des Erzgebirges, versinkt im Schnee.

Hoher später Schnee hatte im Frühjahr 1770 die Wintersaat verdorben und ein folgender langanhaltender Regen die Frühjahrsbestellung der Felder teils verzögert, teils verhindert, so daß die Ernte erbärmlich ausfiel und bereits im Winter 1770/71 eine schlimme Notzeit über das Erzgebirge hereinbrach. Im Frühjahr 1771 richteten wiederum starke Schneefälle und später darauf heftige Regengüsse die ohnehin durch Mangel an Saatgut dürftig bestellten Felder zugrunde. Während der Scheffel Getreide im Frühjahr 1770 1 Taler 4 Groschen gekostet hatte, stieg sein Preis im Winter und Frühjahr 1772 aufgrund der wiederholten Mißernten auf 14 Taler.

Damit war das tägliche Brot für den übergroßen Teil der Bevölkerung nicht nur unerschwinglich, es gab auch keines mehr. Das erklärt, warum Christian Böttiger wie ein Sklave ohne Lohn, nur um Nahrung arbeitete, warum er sich als Volontär – das heißt als Lehrling – einstellen ließ, obwohl er längst ausgelernt hatte. Es ging ums Überleben.

Da infolge der Hungersnot jeder zehnte Erzgebirgler starb – in Rittersgrün selbst standen 1771/72 268 Todesfällen nur 25 Geburten gegenüber – mußte Böttiger sich noch glücklich preisen, seine Arbeitskraft verschenken zu dürfen.

Bei Einbruch der Dunkelheit betrat endlich Christian Böttiger seine Wohnung, hängte wortlos sein Gewehr an den Nagel im Gebälk, kleidete sich um, nahm den Schlitten und stapfte durch hohen Schnee in Richtung Breitenbrunn wieder davon.

Erst zwischen 8 und 9 Uhr des Abends kam er zurück. Auf seinem Schlitten lag ein Hirsch. Schnell zerwirkte Böttiger in Gemeinschaft mit seinem Vater das Wildbret und schaffte es auf den Boden des Hauses. Es schien, als sollte dem Hunger in der nächsten Zeit die Tür gewiesen werden.

Dazu kam es jedoch nicht.

Am Sonntag, dem 9. Februar 1772, erschienen bei Christian Böttiger der Oberförster Mirus und der Grenzschütze Bach mit dem

Winterwald bei Satzung.

Eine Erzgebirgsstube in Rittergrün während der Hungersnot im Winter 1847. Diese Illustration wurde am 27. März 1847 in der Leipziger »Illustrierten Zeitung« veröffentlicht.

strengen Begehren, das Haus zu durchsuchen, weil Böttiger im dringenden Verdacht stände, gewildert zu haben.

Bach hatte am Sonnabend am Hinteren Rabenberg Schüsse gehört und war, da schon die Dämmerung hereinbrach, tags darauf mit Oberförster Mirus den Tatbestand nachforschen gegangen. Die beiden hatten festgestellt, daß in der Vorderen Kohlung über der Joachimsthaler Straße im Breitenbrunner Revier ein Hirsch angeschossen, bis »in Goldseuffen« am Großen Ortsbach verfolgt und an dieser Stelle erlegt worden war. Eine Schlittenspur führte von hier durch Breitenbrunn nach Rittersgrün bis vor Böttigers Haus.

Ein Leugnen schien sinnlos, und so gestand Böttiger den Besitz des Hirsches, versuchte sich aber vom Verdacht des Wilderns freizureden, indem er eindringlich versicherte, den Hirsch Raubschützen abgejagt zu haben, um ihn in der Oberförsterei abzugeben.

Das glaubten ihm jedoch Mirus und Bach nicht, weil Böttiger zur Realisierung dieses Vorhabens in Breitenbrunn links hätte abbiegen müssen und nicht rechts nach Rittersgrün, wie er es getan hatte.

Oberförster Mirus steckte das noch völlig unberührte Fleisch des Hirsches in zwei Säcke, versiegelte diese und schickte sie nach Schlettau in die Oberforstmeisterei. Darauf erstattete er Anzeige gegen Christian Böttiger, dessen Frau und gegen den Vater des Jägerburschen. Letztere wurden verhaftet, Böttiger aber konnte sich durch rechtzeitige Flucht nach Böhmen in Sicherheit bringen.

Er hatte dafür gute Gründe, denn die seit 1738 immer wieder modifizierten »Mandate wider die Raubschützen und Wilddeuben« sahen recht drakonische Strafen für das Wildern vor.

Böttiger konnte der Verstoß gegen die Artikel 2 und 4 vorgeworfen werden. Einmal hatte er mit seinem Gewehr den Wald betreten, was ihm als dienstlosen Jägerburschen bei Androhung einer nicht näher festgelegten Gefängnis- oder Zuchthausstrafe verboten war. Zum anderen stand er im Verdacht, den Hirsch erlegt zu haben. Für das Wildern von Hochwild aber waren vier Jahre Zuchthaus festgelegt.

Christian Böttiger kannte aufgrund seiner beruflichen Tätigkeit mit Sicherheit diese Verordnungen, die außerdem regelmäßig veröf-

Rittersgrün. Postkarte um 1900.

fentlicht wurden. Selbst wenn sich Böttigers Unschuld erweisen sollte, war ihm längere Haft sicher, denn die kursächsische Bürokratie war nichts weniger als schnell, wie wir noch erfahren werden. Die Haft konnte unter den Bedingungen der entsetzlichen Hungersnot einer Strafe an Leib oder Leben gleichkommen, da die Gefängnisse ganz gewiß nicht vorrangig mit Lebensmitteln versorgt wurden.

Von nun an mußte Christian Böttiger kursächsischen Boden meiden. Zuerst blieb er – wohl in Hoffnung auf eine baldige Rückkehr – in der Böhmischen Mühle bei Rittersgrün. Bald aber trieb ihn die Not in die Fremde, ins Schönburgische, die meiste Zeit jedoch nach Ungarn. Elf lange Jahre durchlitt er das schwere Leben fern seiner Familie und seiner Freunde. Elf lange Jahre waren seine Frau und sein Kind auf sich allein gestellt und darbten in bitterster Armut.

1783 glaubte Christian Böttiger seine Angelegenheit vergessen und richtete aus Försterhäuser bei Gottesgab an den sächsischen Kurfürsten, Friedrich August III., ein Schreiben mit der Bitte, ungestraft in die Heimat zurückkehren zu dürfen.

In diesem Brief beteuerte Böttiger nochmals seine Unschuld. Auf dem Weg nach Hause hätte er an jenem 8. Februar 1772 einen Schuß gehört und wäre beim Nachgehen auf drei böhmische Wilddiebe gestoßen, die sich zuerst zurückgezogen, dann jedoch auf ihn geschossen und an der rechten Seite getroffen hätten. Trotzdem wäre es ihm gelungen, einer starken Schweißspur nachzugehen, einen kranken Hirsch aufzufinden und diesen zu erlegen. Seinen Vorsatz, das Wild beim Oberförster Mirus abzugeben, hätte ihm seine Frau mit dem Hinweis auf die große Hungersnot ausgeredet.

Der sächsische Kurfürst nahm sich ein knappes Jahr Zeit und befahl eine genau Untersuchung des Falles. Dazu müßte Böttiger nochmals persönlich vernommen werden. Dem »Supplicanten« wäre freies Geleit zuzusichern.

Tatsächlich stellte sich Christian Böttiger am 15. April 1786 im Kreisamt Schwarzenberg zur Vernehmung, die bis auf eine scheinbare Nebensache nichts Neues brachte.

Im Brief aus Försterhäuser hatte Böttiger behauptet, von den böhmischen Wilddieben an der rechten Seite verwundet worden zu sein. In Schwarzenberg gab er einen Treffer im linken Arm an. Immerhin waren zwischen beiden Aussagen drei Jahre vergangen. Während dieser Zeit hatte Böttiger die Details vergessen. An welcher Stelle man verwundet worden ist, vergißt aber innerhalb von drei Jahren mit Sicherheit niemand.

Zum Glück für Christian Böttiger merkten weder das Kreisamt Schwarzenberg noch das Geheime Finanz-Collegium nebst dem Kurfürsten in Dresden, daß sich Böttiger die Geschichte ausgedacht hatte. Auch für die kursächsische Bürokratie waren drei Jahre verstrichen, und so stolperte sie über ihre eigene Geschäftsgebarung. Das gönnen wir Christian Böttiger noch nachträglich aus vollem Herzen.

Trotzdem konnte es nicht angehen, Böttiger ungeschoren davonkommen zu lassen, und so wies Kurfürst Friedrich August III. am 20. Januar 1787 sechs Wochen Gefängnis für Böttiger an, ohne daß die Untersuchung diesen überführt hatte. Eine Begründung für die Strafe sparte man sich.

Nach 15 Jahren Aufenthalt in der Fremde und nach sechs Wochen Gefängnis in Schwarzenberg durfte Christian Böttiger endlich seine Familie wieder in die Arme schließen, und das alles nur, weil er aus Not einen Hirsch erlegt hatte, was damals unbewiesen blieb und von dem weder er noch seine Familie einen Bissen verzehren konnten.

Nicht nur in sächsischen Landen wurden die Wilderer aufs härteste verfolgt. Abtransport eines toten und eines gefangenen Wilderes im Hochland der Isar.

Eine Originalzeichnung für die Jägerzeitschrift »Der Weidmann« mit dem
Titel »Gerechter Tod«. Wer im herrschaftlichen Forst illegal auf Jagd ging,
mußte oft mit dem Leben bezahlen.

LITERATURHINWEIS
Staatsarchiv Dresden: Wildpretdiebe und Raubschützen betr. 1783 – 1787.
Vol. II. H. St. A. 501.

Der erzgebirgische Wildschütz
Karl Heinrich Stülpner

Im Erzgebirge lebt das Andenken an Karl Stülpner nun schon ein reichliches anderthalb Jahrhundert nach seinem Tode ungebrochen fort. Der Name des Wildschützen ruft Verbundenheit hervor, zustimmende Anerkennung seiner Taten und ein wenig Stolz, solch einen Landsmann in der Ahnenreihe des eigenen Volkes zu wissen. Auch lausbubenhafte Verschmitzheit über seine tollen Streiche ist dabei.

Stülpners Jagdflinte, seine Jagdtasche, Hirschfänger und Pulverhorn sind wesentliche Ausstellungsstücke im Marienberger Heimatmuseum. Sein Grab auf dem Großolbersdorfer Friedhof ist sorgsam gepflegt.

Stülpners Wiege stand im benachbarten Scharfenstein. Dort wurde er am 30. September 1762 nachmittags um vier Uhr als achtes Kind des Müllerburschen Johann Christoph Stülpner und dessen

Phantasiedarstellung des jungen Karl Stülpner.

Scharfenstein. Radierung von Carl August Richter.

Eheweib Maria Sophia geboren. Sein Vaterhaus im sogenannten Gänsewinkel ist längst den Weg alles Zeitlichen gegangen. Heute steht dort ein Gedenkstein, der an den Wildschützen erinnert.

Stülpner war gerade eine Woche alt, als er fast ein Opfer des Siebenjährigen Krieges geworden wäre. Preußische Schwarze Husaren, die durch Scharfenstein zogen, brauchten einen ortskundigen Führer, der sie auf kürzestem Wege nach Zschopau bringen sollte. Ihnen fiel Stülpners Mutter in die Hände. Alles Flehen der Wöchnerin, sie bei ihrem neugeborenen Söhnlein zu lassen, nutzte nichts. Sie mußte die unfreiwillige Reise antreten.

Als die Mutter endlich in quälender Sorge nach Stunden in ihr Haus zurückkehrte, war die Stube voller Rauch. Im Ofen hatte sich grünes Reisig entzündet und schwelte dermaßen, daß der Qualm kaum noch Luft zum Atmen ließ.

Der kleine Karl erholte sich rasch. Vielleicht zeigte sich schon hier seine robuste Lebenskraft, die ihn später so manche Widrigkeit überwinden ließ. Die Folgen des Siebenjährigen Krieges sowie die katastrophale Hungersnot von 1771/72, in der sein Vater starb, verdunkelten seine Kindheit. Daß die Familie während dieser Zeit in Not geriet und um ihre Existenz bangen mußte, beweist eine Eintragung im Gerichtsrepertorium Scharfenstein aus dem Jahre 1772. Dort finden wir unter Nr. 76 einen »Bericht über die auf dem hiesigen Schlosse von Marien Sophien Stilpnerin, ihrem Söhnchen und Schwiegersohn Gottfried Mehnem begangene Fleisch- und Getreidedeube«. Aus heutiger Sicht können wir sagen, daß damals Karl Stülpner, seine Mutter und sein Schwager einen Mundraub begingen, um nicht verhungern zu müssen.

Scharfenstein. In dem Gänsewinkel an der Zschopau (Bildmitte unten) stand Stülpners Geburtshaus. Der Ort wird von der Burg überragt.

Da die Akte zu diesem Vorgang makuliert worden ist, wissen wir nicht, wie die Strafe für den Diebstahl ausfiel. Offenbar mußte die Mutter einsitzen, denn ausgerechnet im gleichen Jahr nahm der Ehrenfriedersdorfer Förster Müller den 10jährigen Karl Stülpner für zwei Jahre zu sich. Während der Ehrenfriedersdorfer Zeit soll Stülpner seinen ersten Rehbock geschossen haben.

1774 holte Stülpners Mutter ihren Sohn nach Scharfenstein zurück. Die Lage der Familie hatte sich nicht wesentlich verbessert. Im Hause herrschte ständige Not. Jeder war angehalten, für seinen Lebensunterhalt selbst zu sorgen. Stülpner verdiente sich täglich seine acht Groschen, indem er Holz nach Zschopau brachte. Viel Zeit für den Schulbesuch blieb da nicht.

Bis zu seinem 16. Lebensjahr blieb Stülpner ohne feste berufliche Anstellung im Elternhaus. Als 1778 Sachsen an der Seite von Preußen am Bayrischen Erbfolgekrieg teilnahm, verdingte er sich als Troßknecht, wurde aber bald nach dem Friedensschluß zu Teschen demobilisiert und ging nach Scharfenstein zurück.

In der folgenden Zeit begann Karl Stülpner sein illegales Geschäft als Wildschütz, vorerst noch, um selbst etwas zum Beißen zu haben. Ein gewisser Gottschalk, dessen Vater 1781 das Haus der Stülpners gekauft hatte und der als 20jähriger den greisen Wildschützen noch persönlich kennenlernte, berichtet über eine Begebenheit, die er aus dem Munde Karl Stülpners erfuhr: »Eines Tages nämlich begab sich der damals erst 18jährige Stülpner mit mehreren Waidgenossen in den grünen Forst hinaus, um zu jagen, wobei sie ein Wildpret erlegten und auf den Vorschlag eines ihrer Genossen Stücke davon am Feuer brieten. Diese Unvorsichtigkeit, am hellerlichten Tage begangen, hätte für Stülpner leicht verhängnisvoll werden können, denn während die Wildschützen, eben noch mit ihrer Mahlzeit beschäftigt, sorglos am Feuer lagerten, krachte plötzlich vom Walde ein Schuß, welchen ein Forstgehülfe, angelockt vom Scheine des Feuers, gegen Stülpner entsandte, und wodurch diesem die Stirnhaut derart zerrissen wurde, daß er nicht nur eine lebenslängliche Narbe in der Stirne davontrug, sondern sogar einzelne Schroten deutlich fühlbar für immer darin zurückblieben.«

Karl Stülpner fühlte wohl, daß ein solches Leben für einen Achtzehnjährigen keine Zukunft bot. So meldete er sich freiwillig zum Prinz-Maximilian-Regiment nach Chemnitz. Dort wurde er am 18. November 1780 »in Zuwachs« genommen. Das hieß für ihn aber noch lange nicht, das Jagdgewehr ganz mit der Muskete zu tauschen. Als ihn Ende 1784 oder Anfang 1785 der Jägerbursche Ziegler im Zschopauer Forst beim Wildern überraschte, entwaffnete Stülpner den Jägerburschen und schlug »mit dem ihm entwundenen Gewehr so lange auf ihn zu, bis es in Stücken zersprang, worauf er ihn noch zu erschießen drohte«.

Als Soldat unterstand Stülpner der Militärgerichtsbarkeit. Er wurde wegen dieser Tat beim Stab des Regimentes in Chemnitz eingesperrt. Im Frühsommer 1785 nahm das Prinz-Maximilian-Regiment am Manöver bei Mühlberg an der Elbe teil. Karl Stülpner wurde als Arrestant mitgeführt. Auf dem Rückmarsch bezog seine

Einheit am 3. Juli in Simselwitz bei Döbeln Quartier. Stülpner nutzte den Ruhetag zur Flucht. Nun begann sein Leben als Wildschütz in den Grenzwäldern von Böhmen und Sachsen.

Gruß aus Sebastiansberg i. Böhmen

Stülpners Revier reichte auch ins Böhmische. Oft hielt er sich in Sebastiansberg auf, der hinter Böhmisch-Reizenhain der Grenze am nächsten gelegenen böhmischen Ortschaft.

Eine Akte aus dem Staatsarchiv Dresden belegt Stülpners intensive Aktivität: »In den Jahren 1786 und 1787 hatten die Wildprethsdiebereyen auf den Wolkensteinischen und Lauterateinischen Amtswaldungen, nach Anzeigen der dortigen Forstbeamten, dergestalt überhand genommen, daß die Forstbedienten solchen bey der genauesten Aufsicht und größten Thätigkeit zu steuern nicht im Stande waren und das Geheime Finanzkollegium sich genötigt sehe, anfänglich eine Belohnung von 20 Thalern und endlich die § 5 des Mandats vom 14. Dezember 1753 geordnete Belohnung von 50 Thalern auf die Entdeckung und gehörige Anzeige der als die hauptsächlichsten Wildpretsdiebe berücksichtigten Gebrüder Siegel, genannt Holzmüller, und eines Chur. Sächs. Deserteurs Nahmens Stülpner zu setzen.«

Dem Jöhstädter Förster Fiehrig gelang es schließlich, Stülpner im Jahre 1788 ausfindig zu machen und in Preßnitz verhaften zu lassen.

Von 1808–1813 hatte Stülpner den Gasthof »Zum lustigen Jäger« in
Christophhammer bei Sebastiansberg gepachtet.

Doch lange saß Stülpner nicht im böhmischen Arrest, schon nach
kurzer Zeit gelang ihm die Flucht.

Da er sich begreiflicherweise vorerst weder diesseits noch jenseits

Stülpner wird von preußischen Werbern in das
Regiment Prinz Heinrich gepreßt.

der Grenze zeigen konnte, ging Stülpner auf große Wanderschaft. Sein
Weg soll ihn über Ungarn, Österreich, die Schweiz, Baden und Hessen
bis ins Hannoversche geführt haben, wo er Gefallen an der Reiterei
fand und sich als Dragoner anwerben ließ, aber nach fast anderthalb-
jährigem Dienst samt Pferd und Sattel, diesmal beritten, desertierte.

Ins Erzgebirge zurückgekehrt, holte er seine Jagdflinte wieder
hervor. Viel mehr als Schießen hatte er nicht gelernt. Das aber
beherrschte er wie keiner sonst. Vorerst nahm die Obrigkeit von seiner Anwesenheit wenig Kenntnis. Das änderte sich, als Stülpner
immer kecker auftrat.

Einmal soll er im Walde beobachtet haben, wie ein Förster einem armen Weibe, das unerlaubt dürres Holz gesammelt hatte, den Korb vom Rücken riß und ihn fluchend in Stücke zertrat. Stülpner eilte mit gespannter Büchse zum Ort der Handlung und zwang den Förster, der Frau den Korb zu bezahlen.

Das konnte nicht dazu beitragen, von der Obrigkeit toleriert zu werden, zumal Stülpner die Wilddieberei immer mehr in Schwung brachte. Bald war sein Name in aller Munde, und man begann, Streifen auszuschicken, um ihn zu fangen.

Langsam merkte Stülpner, wie der Boden unter seinen Füßen heiß wurde. So verließ er seine Heimat aufs neue und ging nach Bayern. In Bayreuth fiel er preußischen Werbern in die Hände, die ihn in das Regiment »Prinz Heinrich« preßten und nach Spandau brachten. Mit dem preußischen Regiment mußte er 1792 gegen die junge französische Republik ins Feld ziehen. Stülpner war wie Goethe Zeuge der Kanonade von Valmy. Er erlebte den Beginn der »neuen Epoche der Weltgeschichte« als Rückzug der Alliierten aus Frankreich. Nach seiner Verwundung im November 1793 bei Kaiserslautern desertierte er auch aus der preußischen Armee und kehrte wieder nach Scharfenstein zurück. In den folgenden sechs Jahren sahen die erzgebirgischen Wälder das »große Treiben« Karl Stülpners, um ein treffendes Wort Johannes Pietzonkas zu verwenden, des Senioren der neueren Stülpnerforschung.

Aus dieser Zeit werden noch heute im Erzgebirge Geschichten erzählt, die zwar größtenteils nicht zu belegen sind, aber eindringlich das Stülpnerbild geprägt haben. Sie sind bekannter als die tatsächlichen historischen Fakten.

Carl Heinrich Wilhelm Schönberg, der 1835 die bedeutendste Stülpnerbiographie des vorigen Jahrhunderts herausgab und dazu den alten Wildschützen interviewte, trug die nun folgenden Geschichten aus verschiedenen Quellen zusammen und hörte sie wohl auch aus dem Munde Stülpners selbst.

Stülpner läßt sich vom Oberförster Feuer geben
Als an einem schönen Oktoberabend in der Gegend des Fürstenberges (ein großer Wald zwischen Grünhain und Schwarzenberg, unfern dem Dorfe Waschleithe) der Oberförster schon spät sein daselbst ansehnliches Revier durchstrich, um auf einen Hirsch zu

Aus dem Heft
»Führer durch den Karl-
Stülpner-Berg«.
Druck von Willy Förster.

Karl Stülpner

der Sohn der Wälder.

kommen, hörte er in einer ziemlichen Entfernung eine Schuß fallen. Sogleich eilte nun der Oberförster nach der Gegend, wo geschossen worden war, um zu sehen, was es gibt.

Nach einigem Hin- und Herirren trat er endlich aus einem jungen Fichtendickicht auf einen freien Platz und erstaunte nicht wenig, als er hier unter einer schattigen Tanne den soeben geschossenen und schon verendeten Hirsch liegen und daneben auf einem abgehauenen Stamme Stülpner, die Doppelbüchse an die Tanne gelehnt, mit zwei großen Jagdhunden umgeben, sitzen sah.

Der Oberförster, der ernstlich stutzte und näherzutreten zögerte, schritt hierauf auf Stülpner zu und bot ihm einen guten Abend. Ohne irgendein Zeichen von Furcht und Überraschung zu geben, blieb Stülpner ruhig sitzen, dankte höflich und versicherte, daß es ihm sehr leid tue, dem Herrn Oberförster einen vergeblichen Gang gemacht zu haben, indem der Hirsch, nach welchem er vermutlich ausgegangen wäre, schon von ihm hier erlegt worden sei. Der Oberförster äußerte hierauf sein Erstaunen über diese Dreistigkeit und fing an, unwillig zu werden. Doch Stülpner bat ihn, sich deshalb zu beruhigen, da es doch nun einmal nicht zu ändern wäre. Übrigens setzte er noch hinzu:»Wollen Sie nicht umsonst gegangen sein, so will ich Ihnen dort unten an der Ecke einen Stand anweisen, wo Sie in kurzer Zeit zum Schuß kommen werden.«

»So«, erwiderte hierauf gleichgültig der Forstbediente,»doch wie wäre es denn (langsam nach Stülpners Büchse langend, die an der Tanne lehnte), wenn ich mir diese Büchse hier ausbäte?« Stülpner:»Sie steht Ihnen zu Diensten. Denn sehen Sie, dort habe ich noch zwei andere, die ebenso gut und sicher wie diese hier treffen.«

Als der Oberförster nach der Gegend hinsah, die ihm Stülpner bezeichnet hatte, erblickte er hinter einigen jungen Fichten noch zwei andere Wildschützen, die sich mit den auf ihn angelegten Büchsen erhoben hatten.

Verblüfft und ohne ein Wort zu sagen, legte er die Büchse wieder an ihren Ort und machte Miene, sich zu entfernen. Stülpner aber erbat sich unter dem Vorwande, seinen Schwamm verloren zu haben, noch ein wenig Tabaksfeuer aus und belustigte sich herzlich an der ängstlichen Miene, die der Oberförster bei dem Anschlagen machte, indem es ihm, weil er immer nach der drohenden Mündung schielte, nicht gelingen wollte. Als es endlich brannte, bedankte sich Stülpner höflichst und setzte hinzu:»Ich stehe ein andermal wieder zu Diensten.« Der gute Oberförster ermahnte Stülpner, nur nicht zu fleißig zu sein, und entfernte sich so schnell als möglich, ihm eine gute Nacht wünschend, welches Stülpner freundlich erwiderte.

Stülpner tauscht mit dem Jägerburschen das Revier
Einst war der Bursche eines anderen Försters auf den Anstand gegangen. Und da es noch sehr zeitig war, hatte er sich unterdessen unter eine Tanne gesetzt und war eingeschlafen. Einige Zeit darauf fühlte er sich auf einmal derb gerüttelt und wachte auf. Da stand Stülpner mit gespannter Büchse vor ihm und begrüßte den Erstaunten mit einem»Guten Morgen, Kamerad!«, welches dieser mit einem ängstlichen Dito erwiderte.

»Stülpner-Karl«, geschnitzt 1947 von Werner Schwind aus Thum im Erzgebirge.

Der »Karl-Stülpner-Berg« , ein Gemeinschaftswerk des damaligen Schnitz- und Krippenvereins Großolbersdorf, geschaffen 1935-1938, befindet sich im Schnitzerheim Großolbersdorf, dort zu besichtigen an jedem Sonntagvormittag. – Vorn die Griebmühle bei Scharfenstein, dahinter Stülpners Geburtshaus, rechts oben Schloß Scharfenstein.

Hierauf sprach Stülpner zu ihm: »Du hast einen guten Anstand gewählt, Kamerad, hättest aber bald die Zeit verschlafen. Hier wechselt ein Spießer, und ich muß einen liefern. Du wirst also so gut sein und mit mir den Platz tauschen. Stelle dich bei der dürren Fichte unten am Bache an, wo du nicht vergeblich warten wirst. Ich habe deshalb heute meinen Kameraden dort nicht postiert, weil ich dich gern schadlos halten möchte. Wenn du einmal Lieferung hast, so stehe ich dann gern wieder zu Diensten.«

Was sollte der arme Teufel machen? Er stellte sich an den bezeichnenden Ort, tat einen glücklichen Schuß, und Stülpner bekam seinen Spießer.

Stülpner reitet auf dem Hirsch über die Zöblitzer Höhe

Als kurze Zeit darauf Stülpner sein Zöblitzer Revier beging, so bemerkte er von seinem Anstand aus einen Hirsch. Er legte an, brannte los, und der Hirsch stürzte zusammen. Hierauf, seine Büchse über die Schulter werfend, setzte Stülpner durch ein Gewände Getreide, um ihm beizukommen. Und nachdem er ihn gefunden, kniete er auf den Hirsch, um ihn zu genickfängen, kann aber seinen Genickfänger, ob er gleich alles durchsucht, nicht sogleich finden. Der Hirsch, der unterdessen zu verenden scheint, springt auf einmal auf und nimmt Stülpner, der noch darauf saß, gegen 1200 Schritte über ein freies Feld mit. Stülpner, der von weitem sah, über welch tiefen Abhang die Reise gehen soll, sucht herunterzukommen, sprengt aber beim Herunterspringen eine Stange von dem Geweih des Hirsches ab, an welches er sich während dieses Parforcerittes angehalten hatte. Und so entkam der Hirsch, ohne daß ihm Stülpner eine zweite Ladung nachsenden konnte. Vier Wochen darauf erblickte Stülpner auf Zschopauer Revier seinen ihn abgesattelten Hirsch in Gesellschaft von noch fünf anderen wieder, indem er ihn sogleich an der noch herabhängenden Stange seines Geweihs erkannte. Doch da er unter den fünf anwesenden Hirschen einen Achtzehnender gewahrte, so nimmt er diesen aufs Korn, erlegt ihn glücklich und ließ den anderen freien Lauf.

Stülpner verdingt sieben Jäger als Träger

So trug es sich einst zu, daß Stülpner zur Zeit des Winters in der Nähe der sogenannten Rätzer Brettmühle bei Marienberg ein Tier schoß.

Nachdem er dasselbe mit zweien seiner Kameraden zerwirkt und in die Säcke gepackt hat, will er sich mit diesen auf den Weg nach der böhmischen Grenze begeben.

Als er nun so schwer belastet mit seinen Genossen die Reise antrat, kamen ihm plötzlich sieben Jäger in den Weg, welche auf Hoflieferung ausgegangen und deshalb alle gut bewaffnet waren. Sogleich wollen diese nun, Stülpner erkennend, Jagd auf ihn machen, um ihn in ihre Gewalt zu bekommen. Stülpner, den diese Kühnheit sehr verdroß, legte jetzt seine Bürde beiseite, trat mit angelegter Büchse vor und rief mit donnernder Stimme: »Halt! Was wollt ihr hier?« Worauf ein Grenzschütze namens Liebeskind antwortete: »Wir glaubten, es wären Holzdiebe im Forste.«

Der älteste Revierbursche Müller sagte hierauf, daß er sie für Pascher gehalten hätte. »So«, erwiderte Stülpner, »also (hier folgen seine eigenen Worte) seid ihr Tabaksbüttel? Ich bin weder Pascher noch Holzdieb, habe weder Kaffee, Zucker noch Holz aufgeladen, sondern Wildbret, was euch daher, da ihr Tabaksbüttel seid, nichts angeht.«

Hierauf machte Stülpner, während seine anderen Kameraden schußfertig dastanden, die sämtlichen sieben Jäger gewehrlos, deren Gewehre er alle auf die Schulter nahm, und lud ihnen dann das in Säcken gepackte Wildbret auf, welches er sie nun bis dicht an die böhmische Grenze zu tragen nötigte.

Die sieben Jäger, worunter sich freilich einige alte, kraftlose Burschen befanden, folgten wirklich, durch Stülpners und seiner Genossen drohende Stellung eingeschüchtert, seinem Befehle.

Als sie an Ort und Stelle angekommen waren, gab ihnen Stülpner, ohne indessen die Steine davon abzuschrauben oder das Pulver von der Pfanne zu schütten, ihre Kugelbüchsen wieder zurück, ließ sie für ihre gehabte Bemühung aus seiner stets gut gefüllten Korbflasche, um sich wieder zu restaurieren, einige kräftige Züge tun und entfernte sich nun von ihnen unter einem herzlichen Dank und Lebewohl.

Nach Stülpners Angabe sollen gegenwärtig von diesen sieben oben erwähnten Jägern noch zwei am Leben sein, nämlich der Amtskopist K. in W. und der als Volontär gehende Jäger M. in D.

Stülpner trägt das Wolkensteiner Schneiderlein
über die Zschopau

Die Freischützen aus dem Städtchen Wolkenstein hatten gehört, daß Stülpner in ihrer Nähe sein Wesen treibe. Um daher unsterblichen Ruhm durch sein Aufgreifen zu erwerben, hatten sie sich erkühnt, in pleno corpore gegen ihn auszurücken, mit dem festen Entschluß, ihn entweder tot oder lebendig in ihre Gewalt zu bekommen. Sie gelangten wirklich in die Gegend, wo sich Stülpner damals aufhielt, nämlich in dem Forste unweit der Zschopau, die seit einigen Tagen durch Regenwetter sehr angeschwollen war. Der Anführer dieser Heldenschar war ein kleiner Schneider, der sich vorzüglich, um seinen

Stülpner trägt den Wolkensteiner Schneider, der ihn
einfangen wollte, über die Zschopau.

Kameraden Courage einzuflößen, durch sein mutiges Voranschrei-
ten und durch seine kühne Zunge auszeichnete. Als sie so schwat-
zend und gemütlich den Forst heranzogen, trat plötzlich Stülpner mit
gespannter Büchse aus seinem Hinterhalte hervor und rief mit kräf-
tig donnernder Stimme:»Wollt ihr euch packen, oder ich gebe
Feuer!«

Er schlug an. Aber wie vom Winde zerstoben, flohen die armen
erschrockenen Schützen Hals über Kopf davon und setzten zähne-
klappernd durch den angeschwollenen Fluß, um dadurch schneller
der ihnen drohenden Gefahr zu entkommen. Nur ihr kurz vorher mit
seinem Heldenmut so prahlender Anführer, die arme Schneider-
seele, getraute sich nicht durch den Fluß und trippelte trostlos und
schweißtriefend am Ufer hin und her. Stülpner, ihn persönlich ken-
nend, ließ ihn erst eine kleine Weile in seiner Todesangst herumzap-
peln, warf dann seine Büchse über die Schulter, rief dem armen Teufel zu und trug ihn mit seinen kräftigen Armen an das jenseitige Ufer,
wo er ihn mit den Worten verließ, daß er künftighin bei seiner Nähnadel bleiben und sich nie wieder in solche unberufenen Dinge mengen solle.

Stülpner rettet die Zittauer Leinwandfrau
aus der Hand von Wegelagerern

Eine Zittauer Leinwandfrau hatte den Stollberger Markt bezogen
und daselbst gute Geschäfte gemacht, indem sie ihre ganze Lein-
wand sehr gut verkauft und 300 Taler daraus gelöst hatte. Als sie nun,
froh über ihre verkaufte Ware, wieder in ihre Heimat zurückkehren
wollte, gesellten sich in dem Tale nahe an Stollberg zwei Kerle zu ihr
und suchten mit ihr ein Gespräch anzuknüpfen. Diese, nichts Böses
ahnend, erzählte im Taumel ihrer Freude offen und treuherzig, daß
sie vom Stollberger Markt käme und durch den glücklichen Verkauf
ihrer Ware 300 Taler gelöst habe. Als sie nun so während des
Gesprächs an einen Seitenweg gelangten, wollte die Frau den nach
dem nächsten Dorfe führenden Weg einschlagen und sich von ihren
Begleitern verabschieden, als plötzlich von diesen ein fürchterliches
Halt geboten und mit den schrecklichsten Gebärden und Ungestüm
die 300 Taler von der armen Frau gefordert wurden. In dieser entsetzlichen Überraschung ruft das erschrockene Weib nach Hilfe.
Sogleich schwangen die Räuber ihre Knüttel, geboten ihr zu schwei-

gen und drohten bei der geringsten Weigerung ihrer Forderung mit Mißhandlung und Tod.

Unter einem Strom von Tränen flehte jetzt das bebende Weib um Mitleid und Erbarmen und schwor bei dem Allmächtigen, daß sie und ihre Familie ohne dieses Geld dem schrecklichsten Ende preisgegeben sei, indem es ihr sauer verdienter Lohn wäre. Doch diese schändlichen Bösewichter ließen sich nicht durch die flehentlichen Bitten der unglücklichen Frau zum Mitleid bewegen, sondern stürmten nur noch ungestümer auf sie ein, um sich nun mit Gewalt ihres Geldes zu bemächtigen.

In der höchsten Angst und Verzweiflung setzte sich das Weib

Stülpner rettet eine Leinwandfrau vor Wegelagerern.

gegen die Straßenräuber zur Wehr, wurde aber sogleich von diesen zu Boden geworfen, festgehalten und der nun schon Bewußtlosen gewaltsam ihr Eigentum entrissen.

Eben wollten sich nun diese Schändlichen mit ihrem Raube davonmachen, als plötzlich ein Schuß zwischen ihren Köpfen durchsauste, Stülpner vor ihnen stand und sie mit seiner kräftigen Stimme als Schurken begrüßte. Die erschrockenen Räuber wollten erst ihre Beute wieder fahren lassen. Als sie aber sahen, daß sie es bloß mit einem zu tun hatten, so machten sie Miene, auch diesen mit ihren Prügeln zu überfallen. Da warf Stülpner schnell seine Büchse über die Schulter und, in jeder Hand ein gespanntes Pistol haltend, schrie er ihnen zu: »Wer einen Schritt vorwärts tut, der kommt nicht lebendig von der Stelle. Ihr also seid die Schandbuben, die auf meinen Namen Straßenraub ausüben? Wartet, ich will euch sogleich Mores lehren! Ihr legt den Augenblick das dieser Frau geraubte Geld hier vor mir nieder, ohne einen Pfennig zurückzubehalten. Geht dann auf diesem Wege hier, ohne auch umzusehen, nach der Grenze zu. Und wenn ich einen von euch Buben wieder auf sächsischem Boden treffe, so fliegt ihm eine Kugel durch den Kopf!«

Ganz außer sich, wollten die Räuber sich erst mit Stülpner in eine Kapitulation einlassen. Als aber dieser mit den Worten: »Nun, so ists auch jetzt noch Zeit!« – seine Pistolen auf sie richtete und losbrennen wollte, da warfen die Straßenräuber eiligst das Säckchen, worin die geraubten 300 Taler, teils in Speziestalern, teils in Kassenbilletts, verwahrt waren, auf den Boden und eilten unter Fluchen und Toben auf dem ihnen vorgeschriebenen Wege fort.

Durch den Schuß war die Frau erst wieder zur Besinnung gekommen und hatte vorzüglich bei Stülpners nachdrücklichen Worten ihr volles Bewußtsein wiedererlangt. Auf den Knien dankte sie jetzt ihrem großmütigen Retter. Doch dieser hob sie auf, erkundigte sich erst teilnehmend nach ihr, ob sie irgendeine Verletzung erhalten hätte, und händigte dann das von der Erde aufgehobene Geldsäckchen, dessen wertvoller Inhalt durch sein plötzliches Erscheinen von den Räubern noch unangetastet geblieben war, wieder aus. Hierauf begleitete er sie bis an das nächste Dorf und entfernte sich dann von ihr, ohne eine Belohnung, die ihm die Frau für seine schöne Handlung mit aller Mühe aufdringen wollte, anzunehmen. Nur darum bat er, daß sie überall, wo sie hinkommen würde, der Wahrheit getreu erzählen möge, wie Stülpner gegen sie gehandelt habe, damit man ihn nicht für einen so schlechten Menschen halten und unter die Kategorie Straßenräuber zählen möge.

Stülpner bewirtet zwei verirrte Reisende
Kurze Zeit darauf, als Stülpner die Zittauer Leinwandfrau aus den Klauen der Straßenräuber gerettet hatte, kam er einst gegen Abend in dem großen Reitzenhainer Walde zu zwei Reisenden, welche sich daselbst verirrt hatten. Da sie Stülpner, weil er immer, wie schon erinnert, als Jäger gekleidet ging, für einen Forstbedienten hielten, so gestanden sie ihm, weil sie viel Geld bei sich hätten, ihre Besorgnis wegen Stülpner, indem sie gehört, daß er in dieser Gegend hause. Stülpner entgegnete hierauf, daß er, insofern sie sich ihm anver-

Die Stülpner-Höhle in den Greifensteinen, westlich von Ehrenfriedersdorf, eine von mehreren Karl Stülpner zugeschriebenen Höhlenunterkünften.

trauen wollten, sie an einen sicheren Ort bringen wolle, wo sie ruhig und sicher übernachten könnten und von wo aus er sie dann, da es heute schon zu spät wäre, des anderen Morgens aus dem Forste auf die Landstraße bringen werde.

Nach einigem Besinnen nahmen die zwei Reisenden seinen Vorschlag an und folgten ihm auf sein Geheiß nun seitwärts durch Gebüsch und Felsen in abwechselnder Richtung bis an eine hügelförmige Stelle, welche Stülpner schnell durch eine verdeckte Tür öffnete.

Jetzt lud er die staunenden Wanderer ein, in die vor ihnen offene Höhle hinabzusteigen, indem er ihnen hoch und teuer versicherte, daß nicht das mindeste hier zu befürchten wäre, da es sein gewöhnliches Absteigequartier im Forste sei. Obgleich dieser anscheinlich verdächtige Ort bei den Fremden Argwohn erregen mußte, so sahen sie sich doch nun genötigt, das Abenteuer zu bestehen. Sie traten also in dieses unterirdische Gemach, welches sie, nachdem Stülpner ein Licht angezündet hatte, sehr geräumig, bequem und vorzüglich mit einigen schönen Gewehren und Hirschgeweihen ausgeschmückt fanden. Ihr Wirt setzte ihnen, nachdem er die Tür wieder fest verwahrt hatte, hierauf Brot, kaltes Wildbret und einen kräftigen Schnaps vor und nötigte nun seine Gäste zuzulangen, was sie auch nicht ausschlugen, da sie selbst gestanden, daß sie durch das lange Umherirren im Walde bedeutenden Appetit bekommen hätten. Nachdem sie gemeinschaftlich unter gleichgültigem Gespräch ihr Abendbrot verzehrt hatten, machte ihnen hierauf Stülpner nach altdeutscher Sitte aus einer Menge Tierhäuten ein weiches Lager zurecht, auf welchem sie nun ausruhen sollten, und begab sich dann selbst in eine andere Ecke der Höhle zur Ruhe.

Zwar wollte sich erst bei den Fremden kein Schlaf einstellen, indem sie gegen ihren Wirt noch ein Mißtrauen hegten, doch endlich siegte die Natur über ihren Argwohn und ihre Unruhe. Als der Morgen zu grauen anfing, weckte Stülpner die Reisenden, setzte ihnen wieder ein frugales Frühstück vor und begleitete sie nun aus dem Walde, von wo aus er ihnen den zu nehmenden Weg zeigte. Als sie sich beim Scheiden für die freundschaftliche Aufnahme und Zurechtweisung bei ihm bedankten, erwiderte er ihnen, daß sie doch Stülpner für keinen so schlechten und gefährlichen Menschen halten sollten, indem sie diese Nacht selbst seine Gäste gewesen und von ihm beherbergt worden wären. Stumm vor Erstaunen standen die Wanderer, indem Stülpner im nächsten Gebüsch verschwand.

Stülpner besucht Pastor Schönherr in Thum

Der würdige Pastor Schönherr in Thum saß behaglich in seiner Studierstube, eben mit der Ausarbeitung der nächsten Sonntagspredigt beschäftigt, als ein lebhaftes Klopfen an der Türe ihn in seiner Arbeit störte.

Ein freundliches Herein ertönte. Und mit Büchse und Hirschfänger bewaffnet, trat ein nett gekleideter Jäger ein, welcher nach gegenseitigem freundlichem Gruß folgendes Wort anbrachte: »Verzeihen Sie, Herr Pastor, wenn ich als ein ungebetener Gast Sie so früh durch meine Gegenwart belästige.«

Pastor: »Bei mir ist jeder willkommen, der freundlich einspricht. Wer ist er, mein Freund, und womit kann ich dienen?«

Fremder: »Wer ich bin, können Sie bloß auf ausdrückliches Verlangen erfahren. Und meine Bitte ist, mich diesen Augenblick Beichte zu hören und zu absolvieren.«

Pastor: »Sonderbarer Mann, dies ist eine eigene Zumutung. Ich sehe ihn heute zum ersten Male, kenne weder seinen Namen, seine Gewerbe, noch seine Herkunft, weiß nicht, zu welchem Glauben er sich bekennt, und soll so eine wichtige Religionshandlung mit ihm vornehmen?«

Fremder: »Auf diese Bedenklichkeiten wird es freilich notwendig sein, mich zu nennen. Ich bin der Wildschütz Stülpner.«

Überrascht trat der Pastor einige Schritte zurück, mußte sich erst einen Augenblick sammeln und sprach darauf zu Stülpner: »Ich muß über die Kühnheit erstaunen, mit welcher er so öffentlich bei mir erscheinen kann, da er doch wissen wird, daß es auch meine Pflicht ist, den landesherrlichen Befehlen Gehorsam zu leisten, und daß es daher auch meine Schuldigkeit erfordert, seine Gegenwart sogleich der Obrigkeit anzuzeigen.«

Stülpner: »Dies werden und können Sie nicht tun, Herr Pastor, denn, wenn ich mich auch an ihrer Person nicht vergreifen werde, so möchte es doch keinem gut bekommen, der sich gegen mich rühren würde … Ich bin keine böser Mensch, Herr Pastor. Traurige Umstände haben mich in meine jetzige Lage gebracht. Auf meinem

Gewissen ruht keine Blutschuld. Aber ich stehe, so wie jeder Mensch, in Gottes Hand. Und in meinen Verhältnissen ist Beruhigung das dringendste Bedürfnis. Dies glaubte ich bei Ihnen zu finden.«

Pastor: »Gern wollte und würde ich seinen Wunsch befriedigen, wenn nicht selbst die Ausübung der Religion den bürgerlichen Gesetzen untergeordnet wäre. Kehre er zurück von seinem Irrwege, unterwerfe er sich der Gnade seines Landesherrn, und nur dann bin ich imstande, seiner Seele Ruhe, Trost und Hoffnung zur Vergebung seiner Fehltritte zuzuführen, und nur dann erst ist er würdig und vorbereitet genug, diese heilige Handlung zu begehen.«

Stülpner: »Zwingen kann ich Sie nicht, meinen so herzlichen Wunsch zu erfüllen, mir den Trost der Religion zu geben. Doch kann ich Ihnen nochmals heilig versichern, daß er aus wahrem Herzen kam. Also ist es Ihnen nicht möglich, meine Bitte zu gewähren?«

Pastor: »Unter den jetzigen Verhältnissen unter keiner Bedingung.«

Stülpner: »Nun, so verzeihen Sie meiner Freiheit und leben Sie wohl.«

Schnell verließ er die Stube und das Haus des Pastors. Zwar zeigte derselbe den Vorfall sogleich der Obrigkeit an. Man spürte Stülpner einen ganzen Tag nach. Allein abermals kehrten alle Ausgesendeten unverrichtetersache zurück.

Stülpner narrt den Hofjäger Pätzold

Als Stülpner im Marienberger Walde sein Revier beging, wo damals der Hofjäger Pätzold aus Wüstenschlette seinen Jagdbezirk hatte, welcher mit unter die eifrigsten Verfolger Stülpners gehörte, so trug sich's zu, daß Stülpner mit einem seiner Kameraden den Laut von Jagdhunden hörte. Sogleich wendete er sich nun nach der Gegend hin und erblickte einen Achtzehnender, welchen die Hunde scharf verfolgen. Stülpner legte an und schießt den Hirsch in vollem Jagen. Hierauf schleppt er ihn mit Hilfe seines Kollegen in die Gegend, um denselben aufzubrechen.

Nachdem dies geschehen, begibt sich Stülpner unter Zurücklassung seines Gehilfen bei dem erlegten Hirsch auf eine große Anhöhe, um sich hier nach den Jägern, welche den nun von ihm erschossenen Achtzehnender verfolgten, umzusehen. Als er so einige Zeit hier gestanden und unterdessen seine Büchse wieder

Stülpner mit seinen Jagdgefährten.

geladen hatte, bemerkt er in noch ziemlicher Ferne auf einem großen Gehau eine Menge Reiter von der in Marienberg stehenden Kürassier-Eskadron nebst einer großen Anzahl Landleute, welche mit Hilfe der Forstbedienten aufgeboten waren, den Wald zu durchstreifen und vorzüglich Stülpner daselbst auszuheben. Dieser verließ jetzt, als er diese ihm drohende Gefahr bemerkte, schnell seinen Posten, kehrte zu seinem Kameraden zurück und schaffte mit demselben den Hirsch fünfzehn Schritte von dem Aufbruchplatze in einen gut verwahrten Ort, worin er selbst mit seinem Genossen blieb. Als nun dieses bedeutende Streifkorps, durch den Schuß von Stülpner aufmerksam gemacht, sich immer mehr der Gegend näherte, wo er den Hirsch erlegt hatte, und zuletzt dem Ort, wo er in seinem sichern Gewahrsam weilte, so nahe kam, daß er alles vernehmen konnte, was gesprochen wurde, so hörte er unter anderen den Hofjäger Torges aus Steinbach, der über den Aufbruch des Hirsches, welcher noch ganz warm war, ohne doch von seinem Verschwinden etwas zu bemerken, sehr aufgebracht wurde, folgende Worte äußern: »Herr Hofjäger Pätzold! Es ist doch – Gott straf mich! – kein Hase, den einer schießt und steckt ihn in die Tasche und steigt damit auf den Baum. Sie haben mich nun heute das achtzehnte Mal zur Streifung eingeladen. Ich komme nicht wieder dazu. Den Kerl (Stülpner) hat der lebendige Teufel!« Hierauf nahm dieses ganze Streifkorps seine Richtung nach der böhmischen Grenze zu. Worauf Stülpner, sich nun sicher glaubend, mit seinem Genossen wieder aus seinem Hinterhalt sich herausmachte, den erlegten Hirsch auf einem freien Platz zerwirkte und dann das Wildbret in die stets bereit liegenden Säcke packte und so – schwer beladen – mit seinem Kollegen ebenfalls nach der Grenze zu seinen Weg einschlug.

Stülpner schmuggelt das Wildbret
mitten durch seine Häscher nach Böhmen
Auf der Landstraße angekommen, verweilte er hier in einem großen Steinbruch, um einen Fuhrmann abzuwarten, der ihm sein Wildbret aufladen sollte. Nach Verlauf von einer halben Stunde kommt wirklich ein Vierspänner, welcher nach Böhmen seinen Weg nimmt. Sogleich geht nun Stülpner auf ihn zu und spricht ihn an, ob er nicht für ein gutes Trinkgeld sein Wildbret bis auf den böhmischen Gasthof in Reitzenhain mitnehmen wolle. Der Fuhrmann, dabei Gefahr befürchtend, weigert sich erst sehr ernst, seinen Wunsch zu erfüllen. Hierauf greift Stülpner in die Riemenpferde, zieht sie seitwärts auf den Fußsteig und droht dem Fuhrmann, wenn er nicht sogleich sein

Gruß aus Reitzenhain i. Erzgeb.

Gasthof zur Weintraube

Das ehemalige sächsische Zollhaus in Reitzenhain, darunter der nach Stülpners Zeit in Betrieb genommene »Gasthof zur Weintraube«. Postkarte von 1912.

Wildbret aufladen wolle, mit seinem Gehilfen dort den Wagen umzustürzen.

Der Fuhrmann, durch diese nachdrücklichen ernsten Worte zaghaft gemacht, ladet das Wildbret auf. Und nun geht es vorwärts nach der Grenze zu. Stülpner geht 200 Schritte vor und sein Kamerad 200 Schritte als Bedeckung nach dem Wagen.

So gelangten sie nun, ohne unterwegs weiter jemand zu begegnen und angehalten zu werden, nachdem es schon sehr dunkel geworden war und überall die Lichter brannten, nach Reitzenhain. Als sie sich nun dem sächsischen Gasthof näherten, so war das ganze Haus voll von Militär, Forstbedienten und Landleuten, denselben nämlich, welche zu Stülpners Aufgreifung aufgeboten waren. Sogar der Hof, durch welchen die Landstraße führt, war mit Menschen und Pferden angefüllt, dessen Passage aber beim Herannahen des schweren Frachtwagens jetzt soviel als möglich frei gemacht wurde. Stülpner passierte nun ruhig, seine Büchse über die Schulter hängend, ohne in der Dunkelheit erkannt und angehalten zu werden, mitten durch seine Verfolger und blieb nun, glücklich bis an die Grenze gelangt, stehen, um zu sehen, ob auch der Fuhrmann mit dem Wagen und seinem Kameraden glücklich nachkomme. Und da auch diese nicht weiter aufgehalten werden, so ging es nun über die Grenze.

Hier nun angelangt, naht sich Stülpner dem Fuhrmann mit folgenden Worten: »Nun, habe ich es nicht gesagt, daß es gehen wird?«

»Ja«, erwiderte darauf derselbe, »wenn es so abläuft, da laß ich mir's gefallen. Nun kennen wir einander schon. Wenn ich daher künftig wieder dienen kann, so dürfen Sie mir nur winken, und ich werde gerne und zu jeder Zeit zu Diensten stehen.« Als ihn Stülpner darauf bezahlen wollte, so nahm der Fuhrmann durchaus nichts an, sondern war damit hinlänglich befriedigt, ihm dadurch Gefälligkeit erwiesen zu haben.

Stülpner verhindert an der Heinzebank
einen Überfall auf die Postkutsche
Jetzt folgt eine Szene, die in bezug auf Stülpners spätere Befreiung und Aufhebung der ihm gedrohten Strafe einen großen Einfluß hatte. Als er nämlich einst gegen Abend in der Nähe der Heinzebank bei Marienberg auf den Anstand ging, hörte er auf der Landstraße noch unter der Heinzebank einen Wagen kommen und einen Postil-

lion blasen, welcher aber nur zwei Stöße in das Horn tat, so daß weder von ihm noch vom Fahren des Wagens weiter etwas gehört werden konnte. Stülpner glaubte daher, es wäre etwas an dem Wagen vorgegangen, und begab sich deshalb auf eine Anhöhe, wo er die Landstraße eine große Strecke übersehen konnte.

Gruss aus dem Gasthof zum Malzhaus; Reitzenhain i. Böhm. (800 m ü. M.)

Der »Gasthof zum Malzhaus« im böhmischen Reizenhain, wo sich Stülpner öfters aufhielt. Historische Postkarte. – Vermutlich war das Gasthaus Umschlagplatz seiner Jagdbeute. Als sich Stülpner im Böhmischen niedergelassen hatte, übermittelte ihm der Schankwirt Briefe und Nachrichten.

Daselbst bemerkte er nun drei Straßenräuber, die den Postillion vom Pferde gerissen hatten und eben im Begriff waren, ihm den Garaus zu versetzen. Sogleich tat nun Stülpner, weil ihm streng verboten war, auf Räuber und dergleichen Gesindel zu schießen und er auch die Straßenräuber wegen der zu weiten Entfernung nicht erreichen konnte, einen Schreckschuß. Sobald die Räuber den Schuß gehört hatten, flüchteten sie sich etwas tiefer in den Wald, wo sie wieder Posto faßten, um zu sehen, was sich unterdessen ereignen würde.

Stülpner eilte nun so schnell als möglich nach dem Postwagen hin und feuerte, als er die drei Kerle in dem Gebüsch bemerkte, seine zwei scharfgeladenen Pistolen auf sie ab, worauf sie sich tiefer in den Wald hinein flüchteten.

Hierauf näherte er sich dem Postwagen und half zuerst dem Postillion, welcher nur einige leichte Verwundungen erhalten hatte, wieder auf die Beine und untersuchte den Postwagen, wo außer einem Handwerksburschen, welchen aus alter Bekanntschaft der Postillion blind mitgenommen hatte, weiter kein Passagier zugegen war. Übrigens enthielt die Post ein Faß mit Geld, welches wahrscheinlich der Zielpunkt der Räuber gewesen war und ohne Stülpners Dazwischenkunft und schnelle Hilfe ein Raub derselben geworden wäre. Da der Postillion noch eine große Strecke Wegs durch den Wald zu fahren hatte und aus Furcht vor der Rückkehr der Räuber denselben nicht allein passieren wollte, so erbot sich Stülpner, ihn als Bedeckung zu begleiten, und fuhr nun bis nahe an Marienberg mit, wo er unter den herzlichsten Dank- und Segenswünschen des Postillions sich wieder von ihm entfernte, denselben aber bat, seinen Vorgesetzten das soeben Geschehene mitzuteilen, was der Postillion auch versprach und treulich erfüllte, indem er überall diese schöne und uneigennützige Handlung Stülpners verbreitete, welche von seiten der hohen Behörde sehr zu seinen Gunsten aufgenommen wurde.

Stülpner belagert die Burg Scharfenstein

Als nun der Gerichtsdirektor Günther durch seine Kundschafter in Erfahrung gebracht hatte, daß sich Stülpner schon seit einiger Zeit ganz ungescheut in der Behausung seiner Mutter aufhalte, so glaubte er auch, jetzt am besten seine Rache befriedigen zu können. Nur war ihm die Anwesenheit des Majors in Scharfenstein noch im Wege, weil er bei der Gegenwart desselben an dem Gelingen seines Unternehmens zweifelte. Doch auch dieses Hindernis ward bald zu seiner großen Freude beseitigt, indem der Major auf einige Zeit nach Glauchau auf Besuch reiste. (Der Major hatte Stülpner zugesichert, unbehelligt seine Mutter besuchen zu dürfen.) Kaum hatte daher der Gerichtsdirektor diese frohe Botschaft erhalten, als er sogleich, um seiner Sache den rechten ernsten Anstrich zu geben, mit Bezug auf die Allerhöchsten Befehle sämtliche Forstbedienten der Umgegend sowie ein Militärkommando aufforderte, sich zu dem zu bestimmenden Abend, wo man Stülpner bei seiner Mutter gewiß vermute, in Scharfenstein zu seiner Aushebung sofort einzufinden.

Diesem mit so wichtiger Amtsmiene gegebenen Befehle streng Folge leistend, stellten sich nun, um kein so großes Aufsehen zu erregen, sowohl die Forstbedienten als auch der Gerichtsverwalter selbst mit seinem treuen Diener, dem Gerichtsfron namens Wohlleben, einzeln in Scharfenstein auf dem Schlosse ein, wo sie sich's bis zum Einbruch der Nacht bei dem gastfreien Pächter wohlgefallen ließen, doch ohne von ihrem so wichtigen Vorhaben etwas verlauten zu lassen, da sie des Pächters menschenfreundliche Gesinnung kannten und deshalb befürchteten, daß er Stülpner von der ihm drohenden Gefahr benachrichtigen und warnen möge.

Postkarte aus Scharfenstein.

Nicht lange darauf traf auch nach eingebrochener Nacht ein Kommando von 79 Mann unter Anführung des Premierleutnants Oe. aus Annaberg, wo ebenfalls ein Bataillon vom Regimente Prinz Maximilian stand, in Scharfenstein in aller möglichster Stille ein. Der Abend (es war Ausgang November) war ganz zu diesem Unternehmen geeignet; denn Regenschwärze bedeckte die Erde, und wilder Sturm heulte durch den nahen Forst und die Klüfte, worunter sich das Rauschen des Wehres sowie das Klappern der Schloßmühle

225

schaurig mischte. Wer in diese Zurüstung eingeweiht war, hielt Stülpner für verloren; denn mancher wollte schon das Heulen der ergrimmten Natur als seinen Grabgesang betrachten. Vorzüglich war der gestrenge Herr Gerichtsdirektor über den Ruhm seines zuverlässigen Fanges so erfreut, daß er vor Begierde brannte, seinen Todfeind nun endlich in seine Gewalt zu bekommen, und daher die Zeit gar nicht erwarten konnte, die man für passend hielt, Stülpner in seiner sorglosen Wohnung auszuheben. Endlich, nachdem man noch durch einen ausgeschickten Kundschafter die frohe und gewisse Nachricht erhalten hatte, daß sich Stülpner wirklich bei seiner Mutter befinde, wurde sogleich zum Werke geschritten. Der Gerichtsverwalter mit seinem ihm treu ergebenen Gerichtsdiener und die Forstbedienten gesellten sich jetzt zu dem Kommando, an welches sich noch kurz vor dem Aufbruch die Lokalgerichten und sämtliche Bewohner Scharfensteins anzuschließen aufgefordert wurden, doch ohne ihnen den Zweck dieser feindlichen Zurüstung mitzuteilen, aus Furcht, daß sie aus alter Anhänglichkeit an Stülpner ihm die Sache verraten möchten.

Mit einer so großen Vorsicht und Stille, daß selbst der wachsamste Kettenhund nicht einmal anschlug, nahte man sich nun dem Hause und umringte es so dicht als möglich. Stülpner, von allen diesen ernsten Anstalten nichts ahnend, befand sich wirklich, wie er seit der Verabredung mit dem Major zu tun pflegte, bei der Ankunft dieser wohlbewaffneten Schar ganz sorglos in der Behausung seiner Mutter und hatte sich soeben, da es schon 10 Uhr war, auf der Ofenbank, seinem gewöhnlichen Lager, niedergelegt, als er plötzlich ein heftiges Klopfen an der Haustür vernimmt.

Sogleich springt er von seinem Lager auf, um zu sehen, was es gibt. Als er nun die Hausflur so leise als möglich öffnete, so bemerkt er trotz der großen Finsternis eine große Menge bewaffneter Menschen und, nun sogleich die ihm drohende Gefahr erkennend, verbirgt er sich so schnell als möglich und ohne weiter bemerkt zu werden hinter der Haustür. In aller Hast dringen nun sogleich der Gerichtsdirektor mit seinem Helfershelfer, dem Gerichtsdiener, der Offizier nebst einigen Unteroffizieren, die Jägerei und das Gerichtspersonal von Scharfenstein, alle wohlbewaffnet, mit versteckten Laternen in das Haus und in die Wohnstube Stülpners ein, um ihn nun so geschwind als möglich in ihre Gewalt zu bekommen. Stülpner, der in seinem Hinterhalte durch das schnelle und wütende Vordringen seiner Verfolger nicht bemerkt worden war, näherte sich unterdessen schnell wieder der Hausflur und bahnt sich nun durch einige kräftige Sätze und unsanft ausgeteilte Rippenstöße einen Weg mitten durch die das Haus umzingelnde Besatzung, schlug sich so glücklich durch und eilte nun so schnell als möglich nach dem zunächst liegenden Dorfe Grießbach, wo er bei einem Bauern seine Doppelbüchse in Verwahrung hatte, um nun damit sogleich wieder nach Scharfenstein zurückzukehren.

Unterdessen wurde nun von den oben bemerkten Personen, die von Stülpners Flucht sich immer noch nicht überzeugen wollten, das ganze Haus durchsucht, alles umgestürzt und aufgebrochen, selbst die Dielen aufgerissen und in die Feueresse geschossen. Doch alles umsonst, kein Stülpner war zu sehen, und der gehoffte Ruhm wie die voreilige Freude verwandelten sich jetzt in Mißmut und Unwillen.

Man fand weiter nichts von ihm, als auf dem Tische den scharfgeschliffenen Hirschfänger, die an der Wand hängende Jagdtasche und einen Rock, welche Sachen in Beschlag genommen wurden.

Stülpners arme Mutter, die sich schon früher in ihre Kammer zur Ruhe begeben hatte, wurde jetzt von dem tyrannischen Gerichtsdiener Wohlleben gewaltsam aus ihrem Bette gerissen und an den Haaren in die Stube geschleppt, wo sie unter den schändlichsten Mißhandlungen und Drohungen den Aufenthalt ihres Sohnes gestehen sollte. Der Schreck, die Verwirrung und Angst der armen Frau waren so groß, daß sie erst lange nicht vermögend war, die in so fürchterlichem Tone an sie gerichteten Fragen zu beantworten. Endlich, als sie unter den Anwesenden einige Bekannte erblickte, kam sie wieder zu einiger Besinnung und gestand ganz offen, daß ihr Sohn Carl allerdings noch vor einer Stunde dagewesen wäre, daß sie aber durchaus nicht wisse, wohin er sich geflüchtet habe, da sie sich schon früher niedergelegt und daher von seinem plötzlichen Verschwinden gar nichts habe bemerken können.

Als man ihr hierauf wieder die bittersten Vorwürfe machte, daß sie ihren Sohn bei seinem so streng verbotenen Gewerbe noch beherberge und daher selbst große Strafe verdient habe, erwiderte sie ebenfalls: Ich weiß wohl, daß mein Carl einen sehr unerlaubten Lebenswandel getrieben. Allein, ich kann es mit dem heiligsten Eide beschwören, daß ich keine Schuld daran habe, sondern ihn im

Gegenteil oft flehentlich gebeten, davon abzustehen, da es doch endlich zu nichts Gutem führen könne, worauf er ihr vorzüglich in der letzten Zeit versichert habe, daß er sich selbst fest vorgenommen, seinem Gewerbe ganz zu entsagen und es auch schon getan habe und daß schon von seiten mehrerer hoher verdienstvoller Männer an seiner Begnadigung gearbeitet würde, von welchen er selbst die Versicherung erhalten hätte, daß, insofern er sich ruhig verhalte, er bis zur Ausgleichung seiner Sache bei ihr verweilen könne. Dieses alles hätte sie nun ermutigt, ihren Sohn zu beherbergen.

Jetzt wurde nun, da man aus der Alten weiter nichts herausbringen konnte, beratschlagt, wie man mit ihr verfahren sollte. Einige schlugen vor, sie in Gewahrsam zu nehmen. Andere stimmten lieber dahin, sie auf freiem Fuße zu lassen, um so durch Verstellung und List von ihr ein andermal zu erfahren, was man eben jetzt vergeblich wünschte.

Freundlicher sprach man daher jetzt mit ihr, schien ihren Worten völlig Glauben zu schenken und äußerte endlich selbst die Gewißheit, daß ihr Sohn eine gelinde Strafe bekommen werde, wenn man ihn aufgreifen würde, und beklagte jetzt sehr, ihr heute diese Unruhe gemacht zu haben, welches nicht geschehen wäre, wenn sie nicht auf höheren Befehl hätten handeln müssen.

Unterdessen brach der Tag heran, und die Untersuchungen waren leider nicht nach Wunsche beendigt. Der Offizier, der Gerichtsverwalter und die Forstbedienten begaben sich hierauf wieder auf das Schloß, um von den nächtlichen Strapazen dasselbst auszuruhen und sich restaurieren zu können.

Das Militärkommando wurde unterdessen in der Schenke und in den zunächst liegenden Häusern einquartiert und beordert, um 8 Uhr früh sich zum Rückmarsch nach Annaberg am Fuße des Schloßberges zu versammeln.

Während dies nun alles hier vorging, war Stülpner in Grießbach ebenfalls nicht untätig. Da er seine ganze Munition in seiner Jagdtasche verwahrt hatte und er diese nebst seinem Hirschfänger, wie schon erwähnt, wegen der Schnelle seiner Flucht im Stiche lassen mußte, so sah er sich jetzt genötigt, aus Kommißkugeln kleinere Kugeln für die Mündung seines Gewehrs mit dem Messer abzuschnitzen, über welch sauerer Arbeit er zwei volle Stunden zubrachte.

Als er damit fertig war, eilte er noch vor Tagesanbruch in der schrecklichen Finsternis und bei schrecklichem Regenwetter wieder nach Scharfenstein zurück, um zu sehen, wie die Sache unterdessen abgelaufen sei, und nahte sich nun so unerschrocken mit gespannter Büchse der Wohnung seiner Mutter. Da die Besatzung kurz vor seinem Erscheinen wieder abgezogen war und er niemand weiter gewahrte, klopfte er an den Laden eines Nachbars, um sich hier näher nach allem zu erkundigen.

Schloß Scharfenstein an der Zschopau, mit dessen Insassen Stülpner eine wagemutige Fehde austrug.

Hier hörte nun Stülpner ausführlich sowohl die schändliche Behandlung seiner schuldlosen Mutter als auch die Beschlagnahme seiner Utensilien sowie überhaupt die große Verwüstung, welche bei der Durchsuchung des Hauses verübt worden war, welches alles ihn in solche Wut versetzte, daß er sogleich auf die Nachricht, der Gerichtsdirektor, der Offizier und die Forstbedienten hätten sich aufs Schloß begeben und das Militär wäre in der Schenke und in deren Nähe einquartiert, nach dem Schlosse zustürmte und sich gegen 6 Uhr früh mit seiner scharfgeladenen Büchse unten vor das erste Tor des Schlosses aufstellte, um hier auf die Heimkehr der soeben genannten Herren zu warten und sie so höflich als möglich zu begrüßen.

Als er so einige Zeit mit unverwandtem Blick auf das Schloß gestanden hatte, kamen jetzt die Lokalgerichten von Scharfenstein aus dem Schlosse, welche die in Beschlag genommenen Sachen Stülpners, bestehend aus einem Rocke, der Jagdtasche und dem Hirschfänger, mit sich trugen, um sie auf Befehl des Gerichtsdirektors sogleich auf dem Amt Wolkenstein abzuliefern.

Sobald diese Stülpner gewahr wurden, donnerte er sie sogleich mit folgenden Worten an: »Wo wollt ihr mit meinen Sachen hin? Sogleich legt ihr sie hier vor mir nieder, oder (die Büchse auf sie anlegend) ich schieße euch alle zusammen!«

Bestürzt und vor Angst klappernd, befolgten die Gerichten sogleich seinen Befehl, worauf er denselben anbefohl, sogleich in das Schloß wieder zurückzukehren und den Herren daselbst zu sagen, daß sich Stülpner seines Eigentums wieder bemächtigt habe. Während diese, froh, ohne Schaden davongekommen zu sein, auch hierin pünktlich Folge leisteten und wieder nach dem Schlosse zuwanderten, zog unterdessen Stülpner ganz ruhig seinen Rock an, schnallte seinen Hirschfänger um, hing seine Jagdtasche über, worin sich noch unangetastet seine ganze Munition befand, und war nun froh, so wohlbewaffnet seine Feinde erwarten zu können.

Als er so wohlbewaffnet sich wieder auf seinen Posten gestellt hatte, sah er plötzlich den Offizier, den Gerichtsdirektor und die Forstbedienten, alle beritten, aus dem Schloßtore herauskommen und rief ihnen sogleich ein fürchterliches Halt entgegen. Diese, als sie Stülpner in seiner drohenden Stellung erblickten, wollten sogleich wieder in das Schloß zurückreiten, als plötzlich zwei Schüsse fielen, deren beide Kugeln das Hinterteil von dem Braunen des Oberförsters Büchner aus Geyer trafen.

Auf diese unerwartete und tollkühne Tat Stülpners ward sogleich das Tor verrammelt und aus den Schloßfenstern auf das Wirtshaus hinabgerufen, daß das daselbst befindliche Militärkommando sogleich aufbrechen und auf Stülpner, der seinen Posten immer noch keck behauptete, Feuer geben sollte.

Stülpner, der diesen Befehl, welcher sein Leben so hart bedrohte, mit anhörte, blieb demungeachtet unverzagt, lud seine Büchse wieder und begab sich jetzt von seinem Posten etwas tiefer auf den herrschaftlichen Bleichgarten, um hier selbst das Militär zu erwarten. Als nun das Kommando im Sturmschritt anrückte, so schrie ihm Stülpner mit donnernder Stimme zu (hier folgen seine eigenen Worte): »Hat einer Lust und Belieben, auf mich Feuer zu geben, so schieß' er in drei Teifelsnamen. Mich schießt keiner tot!« Ohne nur im mindesten von ihren Musketen Gebrauch zu machen, eilte sämtliches Militär bei Stülpner vorüber und auf das Schloßtor zu, welches, nachdem alle in den Schloßhof eingetreten waren, wieder zugeschlossen und so fest wie möglich verrammelt wurde. (Stülpner behauptet heute noch die wahnsinnige Idee, daß er kugelfest sei, indem ihm im Stockböhmischen ein Mönch ein Präservativ gegeben habe, das allen Kugeln Trotz biete.)

Stülpner, der früh um 6 Uhr seinen Posten betrat, behauptete denselben bis fast zum Einbruch der Nacht, ohne daß die so zahlreiche und wohlbewaffnete Besatzung im Schlosse einen Ausfall auf ihn zu machen wagte, und begab sich hierauf, nachdem er erst bei seiner Mutter eingekehrt war, wieder nach Grießbach.

Als die Herren vom Schlosse aus endlich zu ihrer großen Freude Stülpner wieder abziehen sahen, so wagten auch sie nun erst, ihre Heimkehr anzutreten, doch ohne sich wieder zu Pferde zu setzen, sondern von dem Kommando als Schutzwache umgeben, ließen sie ihre Pferde nachführen.

So endete diese Szene, die unstreitig mit zu den tollkühnsten und mehrkwürdigsten Handlungen gehört, die Stülpner verübte.

Viele der verehrten Leser werden vielleicht selbst diese Tollkühnheit Stülpners, die allerdings den Glauben zu übersteigen scheint, bezweifeln. Doch leben ernstlich in Scharfenstein und der Umgegend noch viele, welche Augenzeuge dieser wunderlichen Szene waren, und dann muß man präsumieren, daß Stülpner, der überhaupt nichts zu verlieren und zu gewinnen hatte und des unsteten Herumtreibens höchst überdrüssig war, den Tod nicht scheute, und daß man nur zu gut wußte, daß er sich nicht so leicht ergeben würde, indem wenigstens derjenige, welcher Miene gemacht hätte, ihn tot oder lebendig in seine Gewalt zu bekommen, zugleich mit ihm sein Grab gefunden haben würde, da seine köperliche Stärke, Geistesgegenwart und Sicherheit im Schießen nur allzu bekannt war. Hierzu kam noch, daß das Militärkommando von seinem früheren Regiment Prinz Maximilian war, unter welchem er viele Anhänger und Bekannte hat und welches daher nur im äußersten Notfalle den Befehl, welcher überhaupt damals in Scharfenstein nicht von dem Offizier, sondern von dem Gerichtsdirektor ausgegangen war, auf ihn zu schießen, würde respektiert haben. Wenn man daher dieses alles genau erwägt, so wird man es gar nicht so unbegreiflich finden, daß Stülpner seinen so zahlreichen Verfolgern nicht nur glücklich entging, sondern sich sogar keck genug ihnen zum Kampf gerüstet entgegenstellte und sie gleichsam auf Leben und Tod herausforderte.

Zwei Tage nach diesem merkwürdigen Vorfalle und mißlungenen Steifzuge gegen Stülpner begegnete ihm ein Mann aus Geyer, welchem er auftrug, zu dem Oberförster Büchner zu gehen und ihm im Auftrage Stülpners zu sagen, daß der Oberförster ja nicht glauben solle, jener Schuß vom Schloßberge habe seiner Person gegolten und die Kugel hätte durch einen Fehlschuß nur sein Pferd getroffen. Stülpner hätte ihm nur zeigen wollen, daß er sich in seiner Nähe befinde, und wie er überhaupt geladen hätte. Wenn sich aber künftig der Herr Oberförster noch mehr um ihn bekümmern würde, dann gäbe es Kugeln für ihn selbst, und er würde wohl wissen, daß Stülpner noch nie gefehlt hätte.

Drei Tage darauf kam schon der Gerichtsdirektor, um Gerichtstag zu halten, doch dem Vertrag gemäß, ohne seinen treuen Diener mitzubringen. Allein nach Verlauf von einem halben Jahr, als der Gerichtsdirektor eine Exekution in Scharfenstein hatte, brachte er wirklich seinen Gerichtsfron wieder mit, indem er wahrscheinlich hoffte, daß entweder Stülpner nicht anwesend sei oder daß seine Wut gegen denselben unterdessen sich abgekühlt haben würde, worin er sich aber sehr täuschte. Denn kaum hatte Stülpner von seinem Wiedererscheinen in Scharfenstein gehörte, als er sich sogleich aufmachte, um ihm aufzulauern und seine Drohung geltend zu machen. Als daher der Gerichtsdiener wieder nach Thum zurückkehren wollte, erwischte ihn Stülpner ungefähr 300 Schritte vom Schlosse und rief ihm mit seiner gewöhnlichen donnernden Stimme zu: »Bist du der Büttel aus Thum?« Worauf dieser, seinen Todfeind erblickend, mit stotternder Stimme »Ja« antwortete. Hierauf sprang Stülpner auf ihn zu und richtete erst folgende kräftige Worte an ihn – (Stülpners eigene Worte): »Du bist also der Schurke, der meine alte

Mutter so schändlich gemißhandelt und sich hat verlauten lassen, daß du, insofern du mich in einer Entfernung von zwei Stunden sehen würdest, mich in die Gewalt bekommen müßtest. Hast du Teufelskünste, so zeige sie mir.« Bei diesen letzten Worten stürzte der arme Diener der Themis auch schon durch Stülpners kräftigen Arm zusammen, raffte sich aber schnell wieder auf und entfloh bis in die Nähe des Richters, wo ihn Stülpner wieder einholte, wie ein Blitz ihm sein großes spanisches Rohr entwand und damit so lange auf seinen Gegner losschlug, bis es zuletzt in Stücke zersprang, welches Überbleibsel seines stolzen Paniers er ihm mit den Worten ins Gesicht warf: »Hier, Kerl, hast du vollends den Dank für deine Prahlerei und für die an jenem Abend bei der Hausvisitation an meiner Mutter ausgeübte Mißhandlung.«

Der am ganzen Körper zerfetzte und auf dem Boden sich herumkrümmende Gerichtsdiener richtete sich endlich mit vieler Mühe wieder auf und wollte, vor Scham und Wut knirschend, nach dem Schlosse zurückkehren, um sich daselbst Hilfe zu verschaffen. Allein Stülpner, der seinen Plan sogleich erkannte, vertrat ihm den Weg mit den Worten: »Du gehst dorthin (ihm den Weg nach Thum zeigend), oder das Donnerwetter soll dich vollends zerschlagen!«

Willig und ohne ein Wort weiter zu erwidern, eilte der für seine Prahlerei so reichlich bezahlte Gerichtsdiener seiner Heimat zu, ohne sich weiter umzusehen und Scharfenstein je wieder zu betreten.

Der Major von Einsiedel, der Rittmeister von Zinsky, der Gerichtsverwalter Günther, der Pächter Philipp sowie noch mehrere anwesende Gäste sahen, durch das klägliche Geschrei des Gerichtsdieners und durch das kräftige Accompagnement Stülpners aufmerksam gemacht, diese ganze tragische Szene vom Schlosse aus mit an. Und alle, mit Ausnahme des Gerichtsdirektors, welcher das Gesicht ungeheuer dabei verzog, aber seinem treuen Diener keine Hilfe zu senden wagte, teils aus Furcht vor Stülpner selbst, teils weil er ihn gegen die dringende Vorstellung des Majors mitgebracht hatte, freuten sich herzlich, daß der wegen seines brutalen, habsüchtigen Benehmens und seiner stets überaus wichtigen Amtsmiene (worin ihm noch jetzt viele seiner Herren Kollegen gleichen) allgemein verhaßte Gerichtsfron seine schon längst verdiente Strafe so reichlich hier erhielt.

Soweit die Erzählungen von Carl Heinrich Wilhelm Schönberg.

Die letzte Episode läßt sich historisch belegen. Der Schriftsteller Kurt Arnold Findeisen veröffentlichte 1921 in der »Sächsischen Heimat« ein Aktenstück aus der Oberforstmeisterei Marienberg, in dem der Oberförster Pügner aus Geyer im Jahre 1795 Oberforst- und Wildmeister v. Zeng in Bärenfels über die Ereignisse in Scharfenstein berichtet. Bei Schönberg ist aus Pügner ein Büchner geworden, ganz der erzgebirgischen Aussprache des Namens folgend.

Der Oberförster schildert den Versuch, Stülpner zu fangen, sowie die Belagerung der Burg durch den Wildschützen in ähnlicher Weise wie Schönberg, freilich aus entgegengesetzter Sicht.

Über den von Stülpner abgegebenen Schuß auf sein Pferd schreibt er: »Da wir nun auf dem Schloß seyn und der dortige Pächter, Herr Phieliep unsern Pferthen ein wönig Futter hat geben lassen, und da wir nun sehen, daß uns dieser Mensch entgangen war, so wurde beschloßen, unsere Expedition zu endigen und nach Hause zu reiten. In dieser Meinung lassen wir die Pferthe vorführen. Ich und der Förster Töpel waren also die ersten und reithen ab. Da wir ongefähr 50 Schritte über den Schloßhoff weg sind und an das Thor kommen, so sehen wir ongefähr 100 Schritte vor uns einige Mannschaft streiten und schlagen, wißen aber nicht, wer es ist, noch weniger, weß dieses zu bedeuten haben soll.

Auf einmal aber sehen wir, daß ein Cerl mit einer Kugel-Büchse auf uns anschlägd und mit gräßlicher Stimme schreid: ›Hald! Hald! Ihr tausend Sacramenter!‹ Darauf sagt Töpel: ›Das ist Stilpner.‹ Sogleich wenden wir, um hinter das Thor zu reithen, um sicher dort zu seyn. Allein, in dem Moment, da wir die Pferthe wenden, so giebt der Cerl Feuer und schießt mir mein Pferth unter dem Leibe mit der Kugel auf die rechte Keule. Und damit läuft er davon.

Alsdann kahmen diese Leute in das Schloß, mit welchen Stilpner sich gezanket und geschlagen hatte und sagten aus, daß dieses die Persohnen seyen, denen die von Stilpner weggenommenen Sachen anvertraut waren, um solche nach Wolkenstein zu bringen. Daß, da er ihnen begegnet, ihnen wieder abgenommen und gedrohet, selbige sogleich dodt zu schießen, wenn sie solche nicht gleich hergeben. Dieses Alles geschahe Dienstag vor Mittag oder den 13. October, darauf wir alsdann nach Hause riethen.

Ich ließe sogleich einen Cur-Schmied holen, um nun den Schuß an den Pferth zu revidieren. Welcher mich aber versicherte, daß, da die

Kugel auf einer Seite hinein und auf der anderen Seite hinausgegangen, selbiges wieder curirt werden sollte, ohne daß es dem Pferthe nachtheilig seyn solde. Den anderen Tag, als den 14. October, kommt ein hiesiger Pächter nahmens Nobiß aus dem Wald gefahren und hat sich ein bißchen Reißig erhollet. Da sey ein Mensch in einem grünen Jagd-Colet, eine Kugel-Büchse tragent, zu ihm gekommen, habe nach dem Ober-Förster gefraget und mir sagen laßen, ich sollte hinauskommen, er habe noch eine Kugel, welche er mir auf den Kopf schießen wolle.

Den nehmlichen Tag sind 2 Cerls, einer mit einer Flinde, der andere mit einer Büchse und grüne Röcke tragent, am Fliegel Z und E zu einem hiesigen Bürger, welcher Stöcke gerodet, nahmens Buscheck, gekommen, nach mir gefraget und mir sagen laßen, ich solle nur hinaus kommen, wir wollten ein Frühstück mit einander einnehmen.

Ein solches alles haben Ew. Hochwohlgeboren Gnaden unterthänig anzeugen und zugleich fragen wollen, wie wir uns in Zukunft bey allen diesen Vorfellen ferner zu verhalten haben. Ob ich gleich unterthänig versichere, daß ich in meinen ganzen Leben das Wort Furcht nicht gekannt, aber, nicht von einem Schlechten Cerl vielleicht auf eine infame Art und Weise dodt schießen zu lassen, wäre einfäldig von mir gemacht. Und dieses könnte doch sehr leicht geschehen bey dieser Gelegenheit. Denn auf mein Pferth hat dieser Cerl gewiß nicht geziehlet, sondern vielmehr nach mir.«

Nun mußten die Behörden energischere Maßnahmen gegen Stülpner ergreifen. Schon am 4. November 1795 erging Höchste Order zur Verhaftung des Wildschützen. Daraufhin gab am 11. November das Justizamt Wolkenstein einen Steckbrief heraus, der einen Monat später in den Leipziger Zeitungen veröffentlicht wurde:

>»Nachdem in Gemäßheit eines unterm 4. dieses Monats ergangenen Höchsten Rescripts auf die Habhaftwerdung des, eingezogener Erkundigung nach, in der Gegend des im hiesigen Amtsbezirk gelegenen Rittergutes Scharfenstein sich aufhaltenden Raubschützen Carl Heinrich Stilpner, welcher, dem Verlaute nach, mehr langer als kurzer Statur sein soll, einen grünen Tuchrock, ein dergleichen kurzes Jagdwestchen, schwarzledernes Kuppel nebst Hirschfänger und Fangleine trägt, auch eine Jagdtasche, Flinte oder Kugelbüchse

und ein großes Messer bei sich führet, fernerweit alle Sorgfalt angewendet, und die auf dessen Inhaftierung oder sichere Angebung bereits vorhin gesetzte Belohnung von 50 Thalern auch unter anderen in den öffentlichen Zeitungen nochmals zugesagt werden soll, als wird in Verfolg dieses Höchsten Anbefohlnisses hierdurch nochmals zu jedermanns Wissenschaft bekannt gemacht, daß derjenige, welcher bemeldeten Stilpner zum Arrest bringen, oder auch selbigen zuverlässig und mit Entdeckung solcher Umstände, welche genugsam Anleitung geben, selbigen zur wirklichen Haft zu bringen, anzeigen wird, eine Belohnung von 50 Thalern zu erwarten haben solle.

Justizamt Wolkenstein mit Annaberg
den 16. November 1795
Sr. Churf. Durch. zu Sachsen bestallter Cammerherr, Oberforst- und Wildmeister zu Bärenfels, sowohl Justiz- und Rentbeamten zu Wolkenstein mit Annaberg,
Johann Georg Friedrich v. Zeng
Johann Carl Ludwig Beyer
Julius Friedrich David v. Zinsky«

Schaden erlitt Karl Stülpner dadurch nicht, denn kein erzgebirgischer Bauer, Bergmann oder Holzfäller wollte sich die Kopfprämie von 50 Talern verdienen.

In den Jahren seines großen Treibens lernte Karl Stülpner Johanne Christiane Wolf, die Tochter des Scharfensteiner Ortsrichters, kennen und lieben. Das band ihn an seine Heimat. Trotz aller Gefahr blieb er im Erzgebirge und dokumentierte das deutlich, indem er bis 1799 mit Johanne Christiane zwei Kinder zeugte. Die Tochter des Dorfrichters zu heiraten war dem Deserteur und Wildschützen Stülpner versperrt. Vielleicht ist in seiner Sehnsucht, in einem geordneten Leben eine erfüllte Ehe mit der geliebten Frau führen zu können, der Grund zu suchen, daß Stülpner am 11. September 1800 freiwillig in das Prinz-Maximilian-Regiment zurückkehrte. Mit diesem Regiment nahm er 1806 an der Doppelschlacht bei Jena und Auerstedt teil, geriet in französische Gefangenschaft, floh aus dieser, bat um Entlassung aus dem Militärdienst und desertierte endgültig, als man ihm diese versagte. Er verließ Sachsen und ging nach Böhmen. Kurze Zeit darauf folgte ihm Johanne Christia-

Der Wildschütz Karl Stülpner im Alter von 77 Jahren. Zeichnung um 1838 von Friedrich Trocholdt.

ne, gegen den Willen ihrer Eltern, die das Unglück nicht fassen konnten und ihre Tochter enterbten. Wenige Tage, nachdem Johanne Christiane das Elternhaus verlassen hatte, starb ihre Mutter. Der Vater erhängte sich. Ob Stülpner und Johanne Christiane Wolf jemals Eheleute wurden, ist nicht belegt. Sie hatten miteinander fünf Kinder, von denen allerdings nur eine Tochter ihre Eltern überlebte.

Als nach der Eroberung des mit Napoleon verbündeten Sachsens durch die Alliierten das Königreich 1813 Generalgouvernement

Stülpners Sterbehaus im Gänsewinkel zu Scharfenstein. Das Haus wurde in der Mitte des 19. Jahrhunderts umgebaut.

unter dem russischen Fürsten Repnin-Wolkonski wurde, erließ dieser Generalpardon. Es sah kurze Zeit so aus, als sollte der Wildschütz zur Ruhe kommen. Aber der Versuch, mit Johanne Christiane und der Tochter in der Heimat Fuß zu fassen, mißlang. Im Jahr 1820 ging Karl Stülpner mit seiner getreuen Johanne Christiane wieder nach Böhmen. Dort verstarb diese bald.

Am 11. August 1823 heiratete der 61jährige Stülpner in Preßnitz die 30jährige Böhmin Anna Veronika Manzora. Die Ehe scheint unter keinem guten Stern gestanden zu haben. Als 1828 Anna Veronika einen Knaben gebar, hatte Stülpner seine Frau bereits verlassen und lebte nun für immer in Scharfenstein.

In seinem Alter war er auf die Hilfe von Freunden und Bekannten angewiesen. Schließlich mußte die Gemeinde Scharfenstein den völlig mittellosen Karl Stülpner versorgen. Die Lebenslust des alten Wildschützen scheint das nicht gebrochen zu haben. Noch als 72jähriger zeugte er mit einer 24jährigen Zschopauerin ein Kind. Auch im hohen Alter ging Stülpner noch auf weite Wanderungen. So ist 1835 sein Aufenthalt in Leipzig belegt, und es sieht ganz danach

238

»Dem Sohn unserer Wälder« –
das Grabmal Karl Stülpners in Großolbersdorf.

aus, als hätte er darauf auch Dresden besucht. Nach einer so großen Wanderfahrt entkräftet, brach er am 5. Oktober 1839 bei Lauta zusammen, wovon er sich nicht mehr erholen konnte. Kurz vor seinem 79. Geburtstag starb er an Altersschwäche.

Karl Stülpner hatte ein unvorstellbar ruheloses Leben hinter sich gebracht. Bei der Unerschrockenheit, mit der er seine Verfolger foppte und die Gefahr herausforderte, scheint es unbegreiflich, daß er nicht gefaßt wurde. Erklären läßt sich dieses Phänomen nur mit der Hingabe, die dem furchtlosen Wildschützen seine Erzgebirgler entgegenbrachten. Sie gewährten ihm Unterschlupf, warnten ihn und kamen ihm zu Hilfe. Ohne diesen Hinterhalt hätte sein Abenteuererleben früher oder später im Zuchthaus enden müssen.

Karl Stülpner war ein Mann von ungewöhnlicher Charakterstärke. Seine Entschlußkraft und Geistesgegenwart, seine Geschicklichkeit und Körperkraft hätten ihm ein erfolgreiches bürgerliches Dasein ermöglicht, wäre er nicht in erbärmlichste Verhältnisse hereingeboren worden. Ihm blieb nichts anderes übrig, als seine außerordentlichen Fähigkeiten jenseits der sozialen Ordnung zur Geltung zu bringen. Ein Mann seines Zuschnitts eignete sich nicht zum werkelnden Untertan. Seine Landsleute bewunderten seinen sagenhaften Mut, ein Leben gegen die obrigkeitliche Gesetzlichkeit zu führen und sich das zu nehmen, was den hungernden Bewohnern bei Androhung harter Strafe verwehrt wurde: das Wild in ihren heimatlichen Wäldern und Fluren. So wurde der Wildschütz Karl Stülpner zum Volkshelden des Erzgebirges.

QUELLEN- UND LITERATURHINWEISE:
Pietzonka, J.: Der Wildschütz Karl Stülpner. Legende und Wirklichkeit. Karl-Marx-Stadt 1981 (= Jahrbuch Erzgebirge 1981).
Schönberg, C. H. W.: Carl Stülpner's merkwürdiges Leben und Abenteuer als Wildschütz im sächsischen Hochgebirge, Zschopau 1835 (Reprint Leipzig 1973).
Unger, R.: Karl Heinrich Stülpner. Zum 150. Todestag des erzgebirgischen Wildschützen und Volkshelden. In: Mitteilungen des Landesvereins Sächsischer Heimatschutz e. V. Dresden 1991, Heft 2.
Unger, R.: Warum Karl Stülpner zum erzgebirgischen Volkshelden wurde. In: Sächsische Heimat. Bonn 1980, Hefte 6, 7 und 8.
In den Arbeiten von J. Pietzonka und R. Unger ist eine Vielzahl weiterführender Quellen und Literatur zu finden.